誰說我不夠好？

抓住否定自己的原因
找到肯定自己的方法

褚士瑩——著

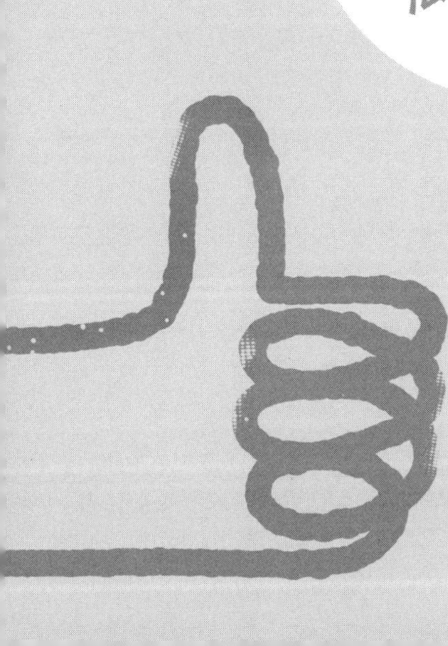

前言

我們都得了
「覺得自己不夠好」
這種病

剛過四十二歲生日的朋友妮妮，對於想結婚但是卻一直無法順利結婚這件事情相當焦慮，來參加哲學諮詢時，向我的法國哲學老師奧斯卡・柏尼菲尋求幫助。

「妳沒有辦法結婚，是因爲沒有交往的對象，還是沒有遇到夠好的男人？」奧斯卡問妮妮。

「遇到的男人不夠好。」

「哈哈！」奧斯卡用手指戳了戳妮妮的額頭，「我看到這裡發生了什麼事。」

「咦？」妮妮顯出困惑的樣子。

「不夠好！什麼都不夠好！」奧斯卡大笑，「妳的病因很普通，跟大部分的台灣女性一樣，得了一種叫做『我不夠好』的病。」

「不對啊！我說的是，我遇到的男人都不夠好。」妮妮抗議說。

「不是這樣的。只有妳覺得自己不夠好，才會覺得別人也都不夠好。就像照鏡子一樣。」奧斯卡說，「妳有沒有想過，從小到大，有沒有誰一直告訴妳，妳不夠好，所以要更努力，妳不夠好，所以不要冀望人生太多？」

妮妮認眞想了一分鐘，有點痛苦地說：「有的。」

「可以告訴我，那個人是誰嗎？」奧斯卡問。

「我的母親。」妮妮回答。

奧斯卡兩手一拍，笑了起來。「這太典型了。我在世界上其他地方很少看到這樣的情形，但是在華人世界，『我不夠好』這種集體的病症卻明顯極了，幾乎十個人有九個半得了這種病。」

於是奧斯卡的處方箋，是請妮妮把這面鏡子帶回家，跟母親對話。

一直爲著與母親的關係所苦的妮妮，隔天在臉書上寫了一篇〈母女〉的短文。她是這麼說的：

母親的個性急，我大部分則是慢慢來，若能先喝咖啡絕不會先去洗碗！她就會搶先做了她認爲我該做但「不做」的事（明明只是還沒）。我們有時候會進入一種「照鏡子模式」。她毫不自覺動作聲響很大，透露出不爽的情緒，空氣中的氣氛會開始凝結。以前我會閃遠遠，但這次沒法閃，正面與母親直來直往。

哲學思考眞是奇妙啊！讓我們看到事物本質的樣貌，就像在柏拉圖的《對話錄》中，雅典城裡的人們說，跟蘇格拉底說話的時候千萬要當心，因爲「無論一開始你們說的話題是什麼，不到兩、三分鐘，話題就會回到說話的人自己身上」。妮妮原本以爲是針對爲什麼年過四十還結不了婚的實際問題提出哲學諮詢，卻意外地發現自己得了一種叫做「我不夠好」的遺傳性疾病，而病因是母親跟女兒之間的情結。治療的唯一藥方，是母女之間學會彼此「照鏡子」，相互觀察，接受自己原本的樣子，才能走上跟自己和好的第一步。

你最想追求什麼？

當許多人，用讚揚的口吻形容中國企業跟年輕一輩的「狼性」時，你是不是也覺得哪裡怪怪的？你知道這種說法，根本的邏輯問題在哪裡嗎？

「跟北京頂尖的大學生相處以後，發現他們都既優秀又拚命，眞不知道我們的年輕人未來拿什麼跟人家競爭！」一個剛去北京航空航天大學拜訪的台灣朋友，非常感慨地說。「我看了很有感，中國人跟台灣人的學習心態眞的很不同，他們好積極熱烈喔！」

很顯然地，這朋友說的是所謂的「狼性文化」，我們也都不是第一次聽說。

根據百度的定義，狼性文化是一種野、殘、貪、暴的拚搏精神。

無論是學業還是事業，開拓中不要命的拚搏精神，是謂「野」。對困難要一個個地、毫不留情地把它們克服掉、消滅掉，是「殘」。對所追求的事物永無止境地去拚搏、探索，是「貪」。而逆境中，要粗暴地對待一個又一個難關，不能對難關仁慈，則是「暴」。

有趣的是，單看「野、殘、貪、暴」這四個概念，一般人都會毫不猶豫地說這是「負面的意涵」（negative connotation），我們很難想像有慈愛的父母看著剛出生的孩子，期許他的未來「野、殘、貪、暴」，但是當台灣人形容中國年輕人具有「狼性」，卻通常以正面的褒義詞出現，這中間顯然有觀念上矛盾的地方，也因此讓我特別感興趣。

在往下看之前，請先做一個決定，你認為用「狼性」來形容一個人、或是一家企業，究竟是褒還是貶？

如果在我們心中，這個詞是貶義，我們當然無法興起追求的欲望。如果你認為是褒美，我們應該積極追求「狼性」嗎？

河馬不會想變成蝴蝶

我的法國哲學老師奧斯卡・柏尼菲，時常說人是唯一用想像超越本我的動物。因爲人看到蝴蝶，會對蝴蝶的美麗、翩翩飛翔的輕盈姿態，生起羨慕之情，希望自己也能變成一隻蝴蝶，所以有了莊周夢蝶的故事。

「但河馬就不一樣了。」奧斯卡不止一次這麼說，「河馬就是河馬，並且對於自己是笨重的河馬這件事，完全沒有認同危機。」

也就是說，河馬從來不會想如果自己不是河馬的話，應該如何。所以當河馬看到一隻蝴蝶的時候，就只是看到一隻蝴蝶而已，根本不會有任何孺慕之情。

想要變成自己不是的那個人，就跟一頭想要變成蝴蝶的河馬同樣荒謬，原因很簡單，因爲河馬永遠不是蝴蝶。

可是如果不是狼，卻要追求「狼性」，有沒有可能成立？

外在條件改變我們的天性？

人類古今中外有鬥犬、鬥雞、鬥蟋蟀的各種陋習，雖然有人說這些動物是「生性好鬥」，但仔細想想，古羅馬人在競技場觀賞戰俘跟飢餓的獅子搏鬥，完全忽略背後的條件，只說獅子吃人是「天性」，未免太過單純；就像鬥犬基本上一輩子就只能上場鬥一次，因爲要不是死在戰鬥中，就是受重傷變成殘廢，一生就爲了跟另一頭素昧平生、無冤無仇的狗，鬥一次決定死活，這跟我們人類所熟悉的狗「天性」，應該非常不同。如果硬要說，這更像是狼的求生本能。

我們知道狗跟灰狼在基因上，有百分之九十九是相同的。但並不是所有的狗都是鬥犬，所謂鬥犬也不是任何一種專屬的品系，而是狼性被環境誘發的極端例子。

我一位選擇在台中新社山上當有機農種橘子、進入轉型期第三年的朋友邱俊瑋，最近農場發生一樁「滅門血案」。有一天他前腳才離開山上，不到三個小時，爺爺花兩、三萬元買給他照料的三十多隻雞，竟然全死光了。

檢查以後，發現有幾隻是被動物咬死的，其他縮在一團，沒有傷口，則是嚇死的。凶手據推斷，應該是附近山裡面的一群野狗。

飢餓的野狗在山林裡，被誘發了狼性，是天性。

根本沒被咬的雞，卻自己嚇死了，也是天性。

雞容易受到驚嚇是有名的，所以新聞當中偶爾會出現貓頭鷹飛到雞舍裡，結果嚇死幾百隻雞的事件，而且這些都是甘肅蘭州、四川重慶的雞，並不是台灣的雞特別膽小，請勿對號入座。

既然是天性，不會有人特別去責怪這些雞膽小沒用，或覺得雞這樣不行，因此要每隻雞都從小培養成鬥雞，鍛鍊牠們能夠做出致命的反擊。

爲什麼大多數的雞遇到危險會嚇死，但也會有鬥雞的出現呢？奧斯卡舉另外一個例子，就是平時膽小的母雞，只有在面臨老鷹要來抓小雞時，會違背理性，用自己微弱的力量，去攻擊強壯的老鷹，這也是天性。所以對於雞來說，表現出膽小跟好鬥不同的兩種天性，是由外在條件決定的，就像飢餓的獅子選擇在眾目睽睽下吃人，不能解釋成一種對價值的「追求」。

找到自己的本性

有趣的是，從橘子園主人邱俊瑋臉友的留言當中，我發現俊瑋跟他的朋友們，最在意的，並不是野狗發揮了基因中「野、殘、貪、暴」的狼性，而是這些野狗怎麼可以把三十幾隻雞弄死了，卻沒有吃掉？

「浪費生命」這一點，是讓這群年輕人覺得這群野狗不可原諒的眞正原因。

因爲大自然中，老鷹抓小雞，爲了吃一隻、才抓一隻，絕對不會無緣無故弄死三十多隻，所以比較起來，老鷹是比較可以原諒的。

這一刻，我突然像被閃電擊中一樣，明白了一件事：如果說相對中國年輕人有「狼性」，台灣青年當然是「犬性」。

最早聽到用狼性形容中國年輕人的說法，是二〇一三年九月《今周刊》封面故事「狼性襲台」的報導，專題中把台灣青年的性格形容爲「羊性」，意思是「不積極、不進取」，但把台灣年輕人比喻成羊，在概念上顯然是完全錯誤的。要台灣羊學習狼性，就像勉強要雞變成老鷹，是違反天性的。但基因上跟狼有百分之九十九相同的狗，在特定外在的環境壓力下發揮狼性，的確是可能的。

筆名「洛杉基」的網路專欄作家，曾經從台灣人的觀點這樣區分「狼性」跟「犬性」：「狼與狗的區別，在於狼群不喜歡被環境拘束，牠們有什麼生理需求，就會自動去攻擊索取；狗則是習慣生活於被豢養的舒適環境中，口渴肚子餓或需要關心時，則不斷狂吠叫囂，直到主人答應要求爲止。世界上沒有所謂的流浪狼，只有流浪狗；狼可以在惡劣環境中求生，狗一旦離開了被豢養的舒適環境，則失去自主能力、忘了教養，也顧不得起碼的尊嚴。」

狗心甘情願被豢養，以交換生活上的安逸，不能說不聰明。實際上，我在針對台灣年輕個案的哲學諮商過程當中，遇過不少案例，內心極度嚮往自由，想要掙脫父母的枷鎖，卻又無法脫離，以至於陷入對自我的認同危機。但諮商結果非常有趣，這些年輕人赫然發現，追求自由是一種心理需求，但在現實生活中，並不想當辛苦的野生動物，更願意當一隻在野生動物園裡的動物，在有限度的範圍內保持天性、享受自由，如果沒有現實需要，並不願過你死我活的拚搏生活——因為那是狼才會想做的事。

奇妙的是，一旦認清了自己的犬性，這幾個年輕人跟自己、跟父母的緊張關係，都逐漸能夠和好了。就像海洋館中的鯊魚，不需要像在海洋中自主捕食的客觀條件下，就能跟其他小於自己的魚相安無事和平共存，與其說這是「違背天性」，當然也可以用「遵循天性」來解釋。

「做自己」很難嗎？

自然界的規律，就是讓老鷹當老鷹，雞當雞，河馬當河馬，蝴蝶當蝴蝶，而狼當狼，狗當狗。應該沒有人會反對這樣的說法。

請不要覺得被稱爲狗是一種侮辱，就像被稱作狼不等於是一種讚美。這不是什麼玄妙的理論。其實，說來說去，就只有三個字：「做自己」。

「做自己」說來簡單，但之所以會有鬥犬、鬥雞、鬥蟋蟀，正是不讓牠們做自己的結果。一味鼓動犬性的人去追求狼性，跟要求河馬變蝴蝶是同樣荒謬。

人與狗在科學上本來就沒有那麼大的不同。在一萬九千三百個狗基因當中，至少有一萬八千四百七十個與已識別的人類基因相同，這代表人類跟狗有將近百分之九十九基因相同，所以無論一個人發揮的是狼性還是犬性，都是百分之九十九理所當然的事。

所以你到底是狗？還是狼？

你最愛的回答「看情況」「都有可能」並不是一個科學上、或是哲學思考上可以接受的答案。

當一匹狼發揮了犬性，整天接受豢養，頭頂的毛偶爾還會被染成粉紅色綁上蝴蝶結，會不會喜歡這樣的自己？

當一隻狗發揮了狼性，弄死農場三十幾隻無辜的雞，一口也不吃就揚長而去的時候，會不會喜歡這樣的自己？

這無關褒貶，也無關社會觀感。當河馬看到一隻蝴蝶，就只是看到一隻蝴蝶；當一隻狗看到一匹狼，也應該僅止於看到一匹狼而已。

想清楚了本質以後，選一個答案——能夠「做自己」的那個答案。

人生這條路，別的不說，能夠「做自己」，肯定自在不少，如果任意「浪費生命」，成爲只爲展現狼性發狠把雞弄死了卻不吃的野狗，或是海洋館裡咬死整群黃金魚後丟棄的鯊魚，那就眞的是不可原諒了。

「自己不夠好」的病因在哪裡？

還記得那個一直覺得自己不夠好的妮妮嗎？在跟奧斯卡老師的對話半年後，有一天妮妮突然在臉書上po了一則這樣的感慨：

盤點這幾年來，我每年的業績，
發現，原來我真的並不差！
可是，為什麼我總覺得自己不夠好？
那種「不夠好」「沒資格」「一定是我努力不夠」的罪惡感如影隨形……
然後，當我發現，原來，我真的很棒，
眼淚默默流了下來。

我看到以後，忍不住私訊問妮妮：「妳是怎麼突然會發現自己夠好的呢？」

妮妮花了幾個月的時間，慢慢思索，客觀地檢視自己，然後漸漸發現，覺得自己不夠好的陰影，就像怕鬼，這種「覺得自己不夠好」的病，就像罹患了所謂的「自體免疫性疾病」（Autoimmune disease）。

我們身體裡面免疫系統的抗體，原本是針對外來的抗原或體內不正常的細胞（如腫瘤細胞），但是罹患這個病的人，卻爲了保護自己、認友爲敵，去攻擊正常細胞，想把身體裡本來不是病毒或細菌的正常東西，當成病毒或細菌來攻擊，想辦法驅出體外。

這個病的常見症狀，包括輕度發燒，感覺疲倦，這些症狀常常快速出現與消退，就像「覺得自己不夠好」這種病一樣，很多人病了一輩子到老了也沒發現。

醫學上，至少有八十種自體免疫性疾病的類型，也就像「覺得自己不夠好」這種病一樣，可能發生在身體任何部位。

這個病不是只有東方人會得，在美國是每一百個人裡面有七個人罹患的疾病，而且醫生也不知道爲什麼，這讓人一不小心就會被自己擊垮的病，發生在女性身上比男性多。

說不定，我們也患了心理上的「自體免疫性疾病」，本來只是想要保護自己的，卻因此做出對抗身體內正常的自己的事，攻擊了不該攻擊的對象。

好消息是，這個病是能夠治療的。

治癒這個怪病的第一步，就像妮妮一樣，找到足夠的證據，意識到「其實我真的夠好」。**如果我們清楚知道這個造成「覺得自己不夠好」的病因，就能夠順利走上療癒之路。**

每個人都是很棒的存在

「我不夠好」的暗示，往往來自於家庭。

上個世紀的英國心理學家溫尼考特（D. W. Winnicott 1896～1971），曾經發展出一套有趣的理論，在他寫的《父母──嬰兒關係的理論》中，有一種典型就叫做「夠好的媽媽」（good-enough mother）。

通常我們覺得對孩子無微不至關心的，叫做「完美媽媽」；相對來說，孩子就算哭到岔氣也不管的狠心媽媽，就是所謂的「壞媽媽」。但是「夠好的媽媽」，並不是完美媽媽，而是只有在被孩子需要的時候才適時出現，不需要的時候，會適時退開的媽媽。

無論是給少了、給多了都會阻礙孩子發展。溫尼考特相信，只有逐漸減少孩子對母親的依賴，才能眞正養育孩子。

說不定，我們都有一個「完美媽媽」——她從小爲了我們好，成爲一個控制力超強的媽媽，怕我們掉進水裡，所以不讓我們去海邊游泳；怕我們手指頭被刀子削到，所以水果都是媽媽削好的；怕我們知道自己長相眞的很平凡，因此整天用「小帥哥」「大美女」相稱，彷彿那才是我們眞正的名字。

但是完美媽媽做的這些事，卻讓我們從小喪失許多眞實生活應該有的體驗，失去應該要有的成長空間，個體成長受到扼制。

如果我們很會游泳，就不需要害怕掉到水裡；
如果知道ＯＫ繃可以止血，而且知道放在哪裡，就不用怕刀子；
如果從小明白自己不是帥哥、美女，就不會長大後變成整天在網路或現實生活當中，乞討別人讚美的心靈乞丐。

因爲就算掉到水裡，手被刀子割到，長相普通，這樣的我，當然還是可以過得夠好，當然還是值得喜歡。

搞不好，那個「完美媽媽」，不是我們真正的媽媽，而是像討厭的腫瘤那樣，偷偷寄生在我們的身體裡面很久了。

就像妮妮終於意識到的，我們雖然不完美，但也不代表我們壞，這中間有一個很棒的存在，叫做「夠好」。知道伴隨偶爾成功而來的，大多數時候是失敗，時常在諾貝爾文學獎槓龜、陪榜的村上春樹，難道不夠好嗎？**只要「夠好」，這樣的我，就足夠應付人生大多數的壓力與挫折。比起那個不可企及的「完美的我」，跟那個讓自己鄙視的「壞的我」，我真正喜歡的，是那個夠好的自己。**

你呢？

思考 MEMO

抓住否定自己的原因

有沒有哪一項敘述符合你的情況呢？
若有的話，是哪幾項？

- ☐ 你覺得自己身上至少有一個地方不夠好？
- ☐ 家人或朋友經常讓你覺得自己不夠好，甚至打擊你的自信？
- ☐ 沒追求到目標時，沒有為自己過程中的學習而開心，而是不斷用失敗的結果來懲罰自己？
- ☐ 是否總是抨擊自己的心，從來沒有好好讚美過自己？
- ☐ 當別人稱讚我時，通常會急於否認，而非微笑接受。

01

覺得
自己還太小

如果你真的「愛」自己，

就應該把自己當成大人看待，

停止表現得像個孩子。

不要懷疑，你就是大人了！

如果你是大學生，我要告訴你一個好消息，跟一個壞消息，你想先聽哪一個？

好消息是，你已經是大人，不是孩子了。

壞消息是，你明明已經是大人了，卻還表現得像個孩子。

其實，你不是因爲考上大學才變成大人的，你在法律的眼光，滿十五歲的時候就已經是大人了，但那時候你太忙著讀教科書、背誦標準答案，所以沒注意到自己已經不是小孩的事實，不過那並非完全是你的錯，很多貓咪也會這樣，明明長大了，還會想辦法把自己塞進小時候睡覺的紙箱裡面。

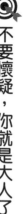

你要知道，貓並不像牠們外表看起來那麼聰明，貓咪已經被范德比大學（Vanderbilt University）心理學和生物科學副教授蘇珊娜（Suzana Herculano-Houzel）及其研究團隊，所開發出來的新神經解剖學方法測量並計算出貓和狗大腦皮層中的神經元數量以後，證實貓是一種比狗要蠢得多的動物，因為狗有大約五億三千萬皮質神經元，而貓被發現有大約兩億五千萬皮質神經元，而人腦擁有大約一百六十億個皮質神經元。

其實早在上大學之前，你早就不是童工，可以外出合法工作，養活自己了，只是你不知道而已。

根據工廠法第五十七條，十三歲以上就可以在工廠當學徒，勞動基準法中所稱的童工，是指十五歲以上未滿十六歲之受僱從事工作者，但十五歲前，只要國中畢業，也可以合法在工作性質及環境無礙身心健康的職場工作。即使是童工，只要每日工作時間不超過八小時，不在例假日或是晚上八點至翌晨六點時段工作就可以了。

滿十六歲以後，當然可以在便利商店上大夜班，因爲你在勞基法的眼中就是大人。這不只是台灣，香港的規定也很類似。

在台灣，女性滿十五歲，男性滿十七歲，就可以自己訂定婚約；女性滿十六歲，男性滿十八歲，就可以自行決定結婚，都不需要家長同意，因爲你是大人，不要沒事演灑狗血的鄉土劇。

滿十六歲的人，就能合法立遺囑，有志當農夫的話，也可以申請自耕能力證明書，自行購買或受贈耕地。

滿十八歲的人，不只可以觀賞限制級電影，可以考領汽車、機車駕照，要開農用曳引機也可以，而且開始適用一般刑事訴訟法，有完全刑事責任能力。

所以無論你的父母怎麼說，你都早就不是孩子了。他們如果一直告訴你，你還很小，你不可以自己做這個決定、那個決定，只有一個可能性：他們錯了。

請不要把父母的錯誤觀念，曲解成為他們對你的「愛」。

你如果真的「愛」自己，應該把自己當成大人看待，停止表現得像個孩子。

「大人會這樣做嗎？」

「大人應該問老師這種問題嗎？」

「當遇到這個問題時，大人會怎麼解決？」

開始問自己大人的問題，你才有可能長大。也只有在你證明了自己從思考到行爲都是大人樣的時候，停止用「叔叔、伯伯、阿姨、媽媽」的稱謂稱呼人，父母師長才會意識到你不是小孩子了，因爲只有小孩子才會用這些詞。

大方上前與另一個大人握手，不疾不徐介紹「自己」，而非「我是某某的小孩……」

停止在思考前，任意地問「大人」的意見，或是希望自己的行動，有一個簡單的標準答案可以依循。學習自己思考，相信自己的判斷，並且爲自己的決定負責。

負責任沒有那麼可怕，只是你還沒負過責任而已。一旦養成習慣，就會喜歡上自己爲自己負責，不只是行動，更應該包括思想。

你一定看過很多人，明明心裡已經有答案，寧可先不說出來，寧可聽名人、名嘴「看法」的人嗎？知道別人答案跟自己一樣，就有「果然如此！」的安心感；如果跟自己想的不一樣，搞不好立刻化身網路酸民，那就是沒長大的孩子，才會有的表現。

你知道這種不敢承認自己的答案，要靠「別人」——無論是名人、長輩，或是引經據典的「金句」來加持的做法，其實是一種「怕負責任」的表現嗎？

不敢幫別人負責任，甚至不敢幫自己的想法負責。反射動作就是把責任推出去：「那個×××在電視上說的……」或是「賈伯斯的傳記裡面也有講……」明明就是自己認同的，要不然也不會記得，爲什麼我們不敢直接爲自己的想法負責任呢？

停止「站在巨人肩膀上」。你夠好了，你沒有那麼渺小，因爲你是大人，請你從現在開始，自己站好，可以的話，開始讓需要高度的孩子，站在你的肩膀上。

希望你喜歡我給你的好消息，更喜歡我給你的壞消息。

「天好黑，怕媽媽危險！」

「要怎樣才算長大？」這是每個人都在問的問題。

我有個住在台北的朋友小昭，有一個冬天早上因爲工作的關係，必須早上五點就起床，搭上六點出發的首班車捷運。沒想到起床時，小學三年級的兒子跟著起床，抱著小昭媽媽哭著說：

「天好黑！怕媽媽危險！」

小昭媽媽很沉穩地說：「寶貝，我會很平安，而且表現很棒地回來。」然後就心暖暖地出門去了。

你知不知道會這樣說的孩子，究竟算是長大了，或是還沒長大？

很多人會認爲這是幼稚的「童言童語」，但我想起法國哲學老師奧斯卡一個有趣的理論，他說所有的孩子一開始都是以自我爲中心的，所以幼兒凡事總是以「我」爲出發點，我餓了，我要上廁所，我要睡覺，一切以自己的需要爲出發，但**「長大」的證據，就是「意識到他人的存在」，還有「同理他人的需要」**。

小昭媽媽的孩子哭的原因，不是因爲自己害怕而哭泣，而是因爲怕媽媽危險——雖然年幼的他，對於什麼是眞正的危險，還不能夠做很正確的判斷。

因爲這樣，我想跟小昭媽媽說聲恭喜：「妳的兒子長大了。」而且他會長成一個很棒的孩子。

而小昭當時的回答也很棒，是一個眞正的大人應該有的回答。

作爲一個稚齡孩子的媽媽，她並沒有取笑這個孩子，也沒有用幼稚的話語來安慰搪塞（像是「媽媽遇到壞人會一腳把他們踢飛！」之類的），也沒有訴諸大人的權威說：「你趕快回去睡覺！」而是說：「我會很平安，而且表現很棒地回來。」把為什麼孩子不用擔心，以及自己必須出門的原因，用正面的方式，讓年幼的孩子也可以聽懂的語言清楚交代，讓孩子看到「大人」就是要為自己的行動負責，而且行動本身就可以帶來快樂，快樂是不需要計較成敗的結果的。

即使你是大人，卻不見得有大人的心靈

但是一個人即使外表成年，也充滿令人羨慕的知識，卻不見得有大人的心靈。

在緬甸推行有機農業的朋友，以專家的身分受邀到一個克倫族的部落去做生態調查。這位朋友在森林裡發現有一塊坡地長滿了野生的菰，開心得不得了，開始拚命摘，用反過來的帽子裝，裝滿了又乾脆打開背包，把背包裝到滿出來為止。

這位克倫族的年輕農人問：「老師，摘這麼多菰，你要做什麼呢？」

有機專家興高采烈地說：「你不懂啊！這些菰用處可多了，我可以現炒，油泡，曬乾，可以用上一年！」

克倫族人露出不解的神情說：「那別人怎麼辦？」

我這位有機專家的朋友說他這輩子從來沒有像那一刻如此羞愧。因爲他作爲一個主流社會的緬甸人，走進森林裡，自然而然將他在森林裡發現的資源都據爲己有，然而生長在這片森林裡的克倫族人，卻會先想到「共享」。也在這次事件後，他理解爲什麼在長期向政府抗爭，要求歸還森林給被迫遷村的族人未果後，帶領族人抗爭的領袖會自殺，而且在自殺前說：「其實早在我們被迫離開我們的土地和森林那一刻，我就已經是外表活著的死人了。」

「只許成功、不許失敗」的心態

有一個叫做小羊的年輕人妻，曾經詢問我，她不知道自己可以做什麼樣的工作，想做喜歡的工作不知道怎麼去做才好，老實說也不太知道自己想做什麼。

一般人會認爲，問這種問題應該是想太多卻沒有行動，或是太過理想化、不務實，要不然就是太閒、成天只會做白日夢的人，但是小羊卻覺得自己會這樣問，關鍵在於沒什麼勇氣。

「一個自己不知道要做什麼的人，爲什麼是一個沒有勇氣的人？」我問小羊。

小羊想了很久以後說，沒有勇氣的人，是因爲沒有執行力，不想嘗試，所以才會不知道自己想要做什麼。

「妳爲什麼不想嘗試呢？」

她的答案可能是周遭的人都反對，所以就不想嘗試。

「如果周遭的人反對，妳堅持嘗試，結果成功的話，有關係嗎？」我問。

「成功了當然沒關係啊！」

「但如果周遭的人反對，妳堅持嘗試，結果失敗的話，會怎麼樣？」

「結果就會被罵得很慘……」小羊聳聳肩，「會得到的回應是我早就告訴妳了怎樣怎樣……」

「可是無論結果是成功或是失敗，請問是自己的事，還是別人的事？」

「是自己的事。」小羊說。

「既然是自己的事，為什麼妳覺得別人的想法比自己的重要？」

「因爲總覺得有家庭要顧，雖然是自己的事，總是會影響到家人。」

「難道成功的話，就不會影響到家人嗎？只有失敗會影響嗎？」

「成功和失敗都會影響。」

「但是妳剛才說，成功的話就沒關係，不是嗎？」

「對耶！」小羊覺得有一點訝異。

「難道妳不覺得這裡有怪怪的地方嗎？」

其實很多人跟小羊一樣，都相信成功是屬於自己的，但失敗的責任是屬於家人的。而這樣想的人，其實是一個自私的人。

自私的人，才會不願意為自己的失敗負責。

之所以缺乏執行力，是因為怕萬一失敗的話，要為這個後果負全責。

因為害怕失敗不去行動的話，就不可能會失敗，就不用負責。

在夜市用紙網子撈金魚，要撈到幾隻才會快樂？

當一個成年人說，不知道自己可以做什麼樣的工作，想做喜歡的工作卻不知道怎麼去做才好，也不太知道自己想做什麼工作，其實根本是「害怕失敗」「害怕爲自己行動的後果負責」。

想一想，什麼樣的人動不動就會說：「都是他害我的啦……」是大人，還是小孩？

這個答案是很明顯的。

我們都想要長大，因爲長大就自己可以決定做喜歡的工作，並且知道怎麼去做。雖然不知道能不能成功，但只要自己爲結果負責，成敗都沒有關係。

如果有長大的決心，每一次發現自己因爲害怕失敗，而不敢行動的時候，就要問自己：「我是不是又在當一個不負責任的小孩子了？」

無論多麼有智慧的大人，其實不可能、也不需要什麼都「通通知道」才可以下決定，其實只需要知道無論成敗，都當然會負責到底，就可以下決心去行動了。

很多人很害怕失敗、弄錯，其實失敗、弄錯並不嚴重，凡事都有很多次機會，「一戰定生死」的事情，只會發生在鬥雞、鬥犬身上，真正嚴重的是不能、不願負責。

其實對我的朋友小昭媽媽的孩子來說，在那個冬天、天還沒亮的早上，眞正覺得可怕的，是「未知」，而不是「失敗」。但對於小昭媽媽來說，作爲一個大人，不能因爲未知，或是害怕失敗，一直兜圈子爲自己找到不要出門、不行動的理由。

不行動的理由，可以有千百個，只要去找，一定會有。但是支持行動的理由，只需要一個就夠了。這是小羊需要練習的「轉大人」。

行動最簡單的理由，就是「我想要這麼做」。**如果我非常想要這麼做，就算沒有成功，也會讓我快樂**。

眞正的大人都知道，不一定要成功才會快樂，成功了也不一定快樂。我們眞正想過的，是一個快樂的人生，不是成功的人生。

小時候，我們不是做了沒成功也很快樂的事嗎？像是去夜市撈金魚、射飛鏢、夾娃娃，有一定要「成功」嗎？小朋友不會因爲沒有撈很多金魚，沒有射破氣球，失敗了所以被大人罵，而是在做這些事情的同時，就很開心。

行動本身就是快樂的，跟結果其實關係不大。

一旦開始計算，一定要撈到幾隻金魚才會回本，快樂就不見了。

思考 MEMO

抓住否定自己的原因

有沒有哪一項敘述符合你的情況呢？
若有的話，是哪幾項？

- ☐ 覺得十六歲還不算是大人？
- ☐ 高中以後，是否還在用「叔叔、伯伯、阿姨」稱呼人？
- ☐ 是否曾經嘗試做一件事，卻因為害怕失敗，停滯不前？
- ☐ 因為不想要負責，所以擔心自己做決定。
- ☐ 不敢幫別人負責任，甚至不敢幫自己的想法負責。
- ☐ 一旦周圍出現比自己厲害的人，馬上就失去自信。

其實我真的夠大

很多我做過的事，現在想起來，那時候還太小。但是還好當時沒有這麼覺得，不然我永遠不會踏出那一步。

從中學時代開始，我學習經濟獨立，打工存錢，靠著自己的能力去騎車環島，旅行看世界，面對苛刻的老闆去體驗眞實生活，現在想起來，那時候還太小。還好我當時沒有這麼覺得，不然我可能會永遠不敢行動。

我高中畢業的時候出版了第一本小說，現在想起來，那時候還太小，寫得也不好。還好我當時沒有這麼覺得，覺得自己夠好，所以一直寫下去，結果從那一年開始，我每年出版兩本書，直到現在沒有停止。回頭看看，發現自己寫了五十多本書，從小學、國中、高中、甚至補校的國文課本，收錄了一共十多篇我寫的文章當作課文跟補充教材，如果當時覺得自己不夠好，可能永遠不會變成作家。

記得當我二十多歲離開研究所在美國的上市公司當上班族，被賦予每半年到一個不同的國家、不同的城市開設新公司據點，並且一手包辦，現在想起來，那時候還太小。還好當時沒有這麼覺得，我的老闆也沒有覺得我太小，否則我永遠不會有那段難得的經驗。

記得剛到緬甸從事有機農業的計畫時，需要去跟所謂的毒梟交涉，請求他們賣給我們原本種罌粟花的土地，動之以情、說之以理，眼睛發亮著說罌粟花轉型耕作有機作物對於長期的和平來說，是一件多麼重要的事。我現在在內戰地區，面對很多武裝部隊的將領，說出每句話都如履薄冰，回想起當時實在還太稚嫩。但是還好我初生之犢不畏虎，當時沒有這麼覺得。

覺得自己夠大了，那就去做吧！

我也聽說過十四歲就表現得很成熟的小爸爸，雖然我知道自己做不到，但是不代表別人做不到。中國有一齣受歡迎的同名電視劇，男主角曾經說「一個男人成熟的標誌，應該是他身分的轉換」，而不是年齡。我相信成爲人之父母，對每一個人來說都是「二次成長」，一夕之間意識到做父親的責任，學會了餵奶、拍嗝、換尿布，一個月下來，能夠準確分辨各種哭聲，也不再賴床或抱怨睡眠不足，或是整天只想打電腦遊戲，這樣的成長跟身分的轉換有關，跟年齡無關。覺得自己夠大了，就行動吧！並且負起全部的責任。

事隔多年回想起來，或許會覺得那時候的自己還太小，但可以確定的是，我們絕對不會後悔當時勇敢的行動。

思考 MEMO

找到肯定自己的方法

在日常生活中刻意做出改變，想一想，
你能做到幾項？

- ☐ 每一天練習：停止在思考前，任意地問「大人」的意見。
- ☐ 你夠好了，你沒有那麼渺小，因為你是大人，請你從現在開始，自己站好。
- ☐ 行動最簡單的理由，就是「我想要這麼做」。
- ☐ 真正的大人都知道，不一定要成功才會快樂，成功了也不一定快樂。
- ☐ 當自己因為害怕而不敢行動時，捫心自問：「我是不是又在當一個不負責任的小孩子了？」

02

覺得自己知道太少

如果你覺得自己知道太少，

就應該學會傾聽，

停止告訴別人自己多麼有趣。

曾經我是一個羨慕別人「懂很多」的人。

在我過去定義當中，一個「懂很多」的人，不外乎是很愛讀書，像海綿那般吸取知識，變得非常博學；也許因爲是從小含著銀湯匙出世，有很多機會去見世面，所以見多識廣。與其相較起來，我是一個知道得很少、來自鄉下的孩子。

但是有兩件事，改變了我對自己「懂很少」的自卑感，有趣的是，並不是因爲我變得愛讀書了，也不是因爲我有錢去見世面了，而是兩件簡單的事：**學會「旅行」和「思考」**。

愛的味道

我自己是一個認爲吃很重要的人，或許物以類聚，我的生活圈裡也充滿了吃貨、廚師、美食作家。我總是羨慕那些對於要到什麼地方吃什麼，哪道工夫料理要怎麼製作，可以說得頭頭是道的人。比較起來，明明喜歡吃，但連切個水果都會被糾正紋理方向不對，總是覺得自己對這麼喜歡的事情，知道得太少。

但是當然也有比我更慘的，比如我來自巴黎的哲學諮商老師奧斯卡・柏尼菲，就完全顛覆大多數人對法國人講究美食美酒的印象，他可以一面吃著看起來超難吃的鮪魚罐頭當一餐（而且一口氣連吃三個），一面滿不在乎地說：

「對我而言，吃東西只是維生而已！」

聽得我的心都痛苦地揪起來了，簡直不敢相信有法國人會這樣虐待自己的腸胃，而且到他在法國中部葡萄酒鄉勃肯地的老家時，飯桌上擺著的不是在地的葡萄酒，竟然是在家樂福買的，有附壺嘴的超大包裝塑膠酒袋，看起來像是醫院裝滿血漿的點滴袋，而且喝得津津有味。

雖然如此，我並不會說整天講究吃喝，到全世界收集米其林餐廳的所謂「美食家」們，更得到我的認同。因爲我很清楚，人生如果只是爲了到許多有名的餐廳、或是難得一嘗的珍饈，那也不過是貪吃而已，跟貪財、貪色、貪愛，其實都沒什麼不同，本質同樣是「貪婪」，而我並不喜歡貪婪的人。

所以我開始思考，到底對於吃，我應該要知道多少呢？

有位美食作家朋友韓良憶，最近在臉書上po了一則有點情緒化的動態：

除非我們很熟，否則上網查得到的資訊和食譜，請不要來問我。就算問了，一題為限，拜託別問完一題又是一題。我不是谷歌，也不是百度。

看到之後，我也忍不住為她的眞性情叫好。因為我看著那些在網路上問她牛肉如何炒才好吃（逆紋切片，用醬油、太白粉、水和一點油醃半小時，鍋燒後炒至一變色就撈起備用，等別的配料炒好、煮好了，最後才加進肉片、一點調味料和酒就起鍋）；胡麻醬怎麼做才合標準（自己用主婦聯盟合作社買來的冷壓白芝麻醬調），太白粉是不是 corn starch（當然不是）；照片中那個陶鍋底下的三角形鍋架要去哪裡買（菜市場）……我相信再有耐性的人，也會抓狂吧？

因爲這些覺得自己知道得太少、什麼都想要知道的人，忽略了一個最重要的事情：韓良憶的po文要說的是，她如何做了一道芝麻涼拌雞絲黃瓜絲，一個茄子牛肉煲，還有一盤（加了一匙三尺堂酥麻辣渣的）韭菜炒蛋，而她向來不怎麼喜歡中國菜的荷蘭丈夫約柏，竟然開開心心吃了兩碗白飯，彷彿也跟他心愛的妻子一樣，有了個華人的胃。

那些菜色，是他們夫妻倆愛情的表現，至於跟牛肉怎麼切、醬汁怎麼調、太白粉的成分是什麼、推薦哪一款廚具，老實講一點關係也沒有。食物之所以動人，不全然在於料理的手法，或是在米其林餐廳指南是否榜上有名，而是食物所喚起的記憶跟感受。

「食物旅行家」張健芳的新書《眾神的餐桌》，裡面有一個故事，說的是跟一個瑞典朋友哈肯到住家附近的森林深處去採野生菇蕈的故事。其實不只在北歐，從德國西南部巴登——符騰堡州的黑森林，到緬甸克倫族人在Kawthoolei北部的原始熱帶森林，每個採菇人心中似乎都有幾個特別的地方，比祕密基地還機密，比個人帳戶還私人，比神壇還神聖。

「對瑞典人來說，家人，就是一起採野菇，殷殷告誡你如何分辨毒菇，分享祕密採菇的地點，然後一起料理野菇，吃野菇。」哈肯這麼跟她說。

哈肯的祖父，生前時常一個人到森林的小屋附近採菇回家，祖父臨終前，臥病不起的祖父突然請孫子瞞著他的祖母，去這座森林小屋的祕密隔間，把裡面的東西扔掉，於是哈肯才發現這個森林小屋，原來是祖父與男性情人大半輩子祕密幽會的地方，而這座長滿野蕈的森林，則是祖父的斷背山。整個故事，都發展鋪陳在這一趟去採菇、回家料理的過程當中：

「情人間的乾柴烈火，已經調降溫度火候，變成家人間的鍋邊爐火。世事無常，所謂的家人，就是不論疾病或飢餓，日日夜夜一起分享食物的人；就是你老態龍鍾時，最在乎你牙齒掉了只能喝粥的人；就是在你久病床前削蘋果皮的人；就是你到了生命盡頭，你仍擔心有沒有餓肚子的人。

縱使亙古長夜，唇齒相依是人類之所以爲人類的一絲曙光，這樣的接納與關懷，我們叫做愛。而愛，是不加害與人的。」

順著張健芳的文字，我彷彿看到了那片神聖而充滿故事的森林，我不但嘗到了野菇的滋味，也彷彿嚐到了家族祕密與禁忌之愛的滋味。

那一段故事結束的時候，我闔上扉頁，竟然自己也經歷了一場食物的冒險，好好吃了一頓美饌的滿足感。

留在舌尖上的，是愛的味道。如果你不知道那是什麼，想一想每個家庭裡，不也都有那麼一兩道被自家人當作神話般傳頌的「媽媽的味道」？

與其鉅細靡遺去知道牛肉該怎麼切、怎麼醃、怎麼炒，不如知道當我們吃著愛我們的人爲我們親手做的料理時，吃到的不是刀工、火候，而是愛，知道這麼多，其實就夠了。

因爲愛，會化爲一陣鍋蓋掀開時昂揚的香氣，無法捉摸，難以形容，卻又揮之不去，久久不散，而化身成爲一桌飯菜的愛，沒有不夠好的。

「旅行」如何讓我不再無知

我從少年時代開始背著背包去旅行，很快就意識到並不是有錢去很遠的地方，看到奇風異俗，就是見多識廣的人。

我遇到很多去了很多地方，但卻無知的人。即使到了很遠的地方，他們看世界的方式仍然沒有改變。雖然身體移動到遠方，但是眼睛分分秒秒都盯著手機，看家鄉的人都在幹什麼，或是同步在追劇。這樣的人，無論去哪裡旅行，還是無知的，甚至就所見所聞印證自己原本的刻板印象，所以變得比旅行前更加無知了也說不定。

年輕時，背包旅行的經驗，不得不去過庶民的生活，住在尋常人家，吃當地人的食物，學習用在地人的眼光來生活，也因此突破了許多「我是觀光客」的視角，這讓我更加喜歡旅行。

對我來說，旅行是一種非常自然的生活方式，就好像對於農人來說，春耕夏耘秋收冬藏是一種自然的生活方式一樣，用「旅行」來作爲生活的一種主軸，也用旅行的態度來安排每一天可用的時間。**每一天都是一場小旅行，所以每一天都要有很棒的行程，要做各式各樣有趣的事，見一些有趣的人，學習一些東西，好好吃飯，好好睡覺，加總起來，人生就會是一場很棒的大旅行**。這個想法，不會因爲我是否「在路上」而改變，因爲這已經是一種內化的生活方式，反映在我如何面對每一天的生活。

透過旅行，張開雙臂讓世界改變我，就像鳥飛翔一樣，感覺絲毫不費力，我喜歡這種不費力的事。

任何一種常規，都可以被翻轉

舉個例子來說，幾年前，我對德里、甚至整個印度的想法，都因爲住在一間奇妙的Airbnb房子而翻轉。

我從學生時代開始，每隔幾年就因爲旅行或是工作的原因，有機會前往印度，但我即使走在泰姬瑪哈陵之間，在恆河畔凝視著葬禮，或在南部的藏人屯墾區進行工作項目，從來沒有任何獨特的感受。一切都理所當然，和我在旅遊頻道上看到的一樣：擁擠、貧富不均、混亂、同一個時空中隨時感受到印度人和觀光客平行世界的存在。

直到我遇到一個叫做Nalin（那林）的德里人，他租給我一套在德里南部的祖厝，座落在十四世紀伊斯蘭貴族的古老墳場「Hauz Khas」（浩茲．卡斯），這個名稱一聽就知道不是印度語，實際上這是波斯語中「貴族的蓄水池」的意思。房子就座落在綠草如茵的墓地旁，正對著墓地中央像湖一樣的古老大水池，池中有著形影高貴的天鵝優游著，夕陽就落在這片綠水後面，安靜而美麗得不像是人間。

「Airbnb的創辦人，很訝異我怎麼可能在印度把房間價錢訂得那麼高，還眞的有人絡繹不絕前來，因此特地從美國飛到德里來親自跟我見面。」年紀跟我差不多的屋主那林，在我這個客人面前，對於索價高昂的房子洋洋得意，一點都沒有愧疚的意思。

而我一點也不後悔租了那林的房子，在這裡住上幾天，狹窄到車子無法通行的Hauz Khas街道周邊已經儼然成了一個小型的藝術村，年輕的時裝設計師在這裡成立小型工作室一展身手，北方少數民族的精緻老布製成各式各樣創新的手工藝品，老房子頂樓隱藏著美麗得讓人心醉的懷舊咖啡館，手工烘焙坊裡賣著兩、三罐手寫標籤的自家採集有機罌粟花蜜，充滿文青氣息的西藏餐館、畫廊，吸引印度各種民族、各種膚色的大學生，穿上講究的潮衣，背著單眼相機前來約會。如果不是因爲Airbnb的平台，我永遠不會有機會在一個沒有飯店的角落，住在古老的伊斯蘭墓地之中，看到印度的另一面，認識一群至今仍然保持聯繫的當地朋友。

我後來讀到一本韓國作者崔宰源寫的《Airbnb教我懂得人生是一場分享》，立刻就想到他和那林，這些「在地人」，如何改變翻轉了我對於巴西里約、德國柏林、日本京都的看法，也因此與好幾位屋主，結交成一輩子的好友。

Airbnb顛覆了住宿旅館行業，一如Amazon帶來線上購物的革命，Uber 翻轉了計乘車業在大城市的生態，Bitcoin 跨越傳統貨幣的交易概念，這些創新型態的企業都大大改變了世界。

Airbnb雖然沒有爲敘利亞的難民潮做什麼，除了捐款給政府及國際組織以外的幫助，但一群在希臘的敘利亞難民營裡住了超過三個月的難民，在無法喚起國際注意的絕望情形下，卻突發奇想利用了Airbnb的平台，張貼了位於希臘首都雅典北方八十公里外的 Ritsona 難民營床位。在住宿特色這一欄裡，還標榜這是一個「來希臘的獨特體驗行程」「歡迎親自感受當一個敘利亞難民的難得機會」「當歐盟的政客們打嘴炮說難民問題時，你可以有貨眞價實的難民經驗，親自生火煮飯，體驗攝氏四十一度的高溫、恐怖的衛生條件、友善的蠍子、被政治人物出賣，甚至脫水」，不但可以「免費停車」，還可以跟其他六百名難民一樣使用活動式廁所。

裡面甚至諷刺地說，「如果你幸運的話，搞不好可以洗一、兩次熱水澡」「原本該有廁所的地方是寬敞的空地，可以讓小朋友在此盡情玩耍，歡迎一起來玩」「長住還可以打折」「教育跟醫療都『偶爾』有提供」……雖然Airbnb很快因爲「不符合本網站的服務契約」爲名，強制刪除了這則用英文寫的廣告，但這個難民營的狀況，卻因此在國際媒體間一舉成名。

Airbnb卻也因爲這樣，開始爲敘利亞難民募款，承諾捐助一百萬美金，其實也是拜這則高能見度的假廣告帶來的壓力之賜。所謂的創新企業，就必須在每一個面向都能做劃時代的創新，不只是營運獲利的模式需要翻轉，就連平台本身也可以改變慈善的定義。NGO工作者或試圖伸張正義的社會運動者，可以發揮創新精神，主動利用這樣的創新平台作爲倡議工具，讓議題在原本不會被注意到的平台上浮現，更進一步改變了人與人之間的人際關係，我相信這是Airbnb創辦者也從來沒有想到過的。

保持對世界的好奇心，打開家門，就算不用去環遊世界，世界也會走進你的生命。國際觀的養成，或許就這樣踏出了具體的第一步。

改變無知，從學會「說故事」開始

作爲一個常住在海外的台灣人，我一直無法明白的是，爲什麼「介紹台灣」會變成台灣人面對世界時，唯一重要的話題。

是的，台灣很有趣，但有沒有必要動不動就「歡迎到台灣來玩」？

一講到青藏鐵路，就說：「你不懂啦！台灣的高鐵是全世界最安全，每公里單價最便宜的高速鐵路！」

有人說到夏威夷，就立刻衝上去，「夏威夷算什麼？你們都不知道，墾丁其實更讚啦！Taiwan Number One！」

話題說到吃的，非要把話題繞到「你知道嗎？珍珠奶茶是台灣發明的喔！」否則不罷休。

很快地，就沒什麼人想跟這個台灣人聊天了……

以打排球爲比喻的話，就是只要接到球，每一球都打殺球的球員。無論球技好不好，跟這種人一起打球，沒辦法有來有往，一點都不好玩。

不會聊天，其實就是因為知道得太少。

知道得太少，不全是因為書讀得不多，更重要的是沒有傾聽、不會思考。所以講來講去反反覆覆都是本來就知道的那一點點東西，當然時間久了就讓人興味索然。

如果閉上嘴，聽聽別人說什麼、怎麼說，就會發現其他國家的人身在異國，或是面對不同國籍的人士時，並不會動不動把推銷自己國家當成聊天的主要話題，而這並不是因爲他們的國家很糟。

所以如果不說台灣，遇到外國人時要說什麼才會眞誠而有趣？

我喜歡航海，所以總會藉著拿水手證，在遊輪上短期工作，交換我想要的航行，也因此認識了很多在船上工作各行各業的朋友。

船上的娛樂部門，除了賭場跟餐廳之外，還有很多現場的表演，一天下來，包羅萬象，從大劇場的百老匯音樂劇到交誼廳的古典弦樂四重奏，爵士樂的big band到各種國際標準舞的樂團，游泳池畔的派對樂團到餐廳裡的情境音樂，歌劇美聲、各種演奏家到脫口秀、魔術表演，種類繁多。船上的樂手其實也都在一天不同的時段，不斷重新排列組合，扮演不同的角色，雖然每天的工作上限規定是五個小時，但是很有可能是五種完全不同的場地跟音樂類型。

在正式社交場合上，我時常看到亞洲人聚在自己的角落，與其他非亞洲人劃清界線，變成其他人口中的「安靜的亞洲人」（The Quiet Asian），並不完全是語言的問題，而是不知道在什麼時候，適當加入別人也能夠參與、想要參與的話題，讓彼此都變成讓對方感到有興趣的、有故事的人。

在遊輪這種需要與陌生人接觸的工作中，聊天時絕對不能只是一廂情願「告訴」別人自己多麼有趣，而是知道**如何藉由說一個有趣故事的機會，鼓勵對方也可以從聽故事的聽衆角色，變成參與者，並且在彼此的對話當中，得到滿足感。**

我在說旅行的故事時，總會提醒自己，除了確定自己的故事精采，更重要的是在過程中讓對方知道，我非常想知道對方的想法，「你也喜歡旅行嗎？覺得旅行迷人的地方在哪裡？」或是「喔，不喜歡旅行？好妙啊！爲什麼？」幫助對方透過自己的獨特視角，從聽故事的人，變成說故事的人，有來有往。

故事就像毛線，話題是織布機的梭子，來來回回將彼此不同織紋、不同色彩的故事，在紗線不會斷、織布機不會卡住的經緯交錯中，編成嶄新、有趣的作品。

擁抱世界，其實沒有那麼困難，就從學習好好聊天，一起說故事開始。

思考 MEMO

抓住否定自己的原因

有沒有哪一項敘述符合你的情況呢？
若有的話，是哪幾項？

- ☐ 覺得自己懂得很少，經常感到自卑？
- ☐ 即使出國，眼睛還是盯著手機看家鄉朋友在幹什麼。
- ☐ 和別人聊天時，不習慣傾聽，只希望對方聽你說話。
- ☐ 面對外國朋友時，介紹台灣是你唯一的話題。
- ☐ 不習慣和陌生人談話，說來說去都是同樣內容。
- ☐ 每當要認識新朋友時，因為不知道該說什麼，而會很緊張。

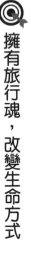

擁有旅行魂，改變生命方式

我相信每一個環遊世界的故事，都是一個赤裸展示自己世界觀的誠實之旅。旅行部落客書寫自己的旅行，是一件勇敢的事。我所謂的勇敢，並不是去了亞馬遜雨林做了什麼，或是不畏寒冷追尋極光，我說的不是「好不好玩」「會不會玩」，遊記真正呈現的，是打開自己內在的眞實，接受世界的評斷。旅行越久，去的地方越多，這個旅行者的世界觀究竟是狹隘或開放，對自己性格的揭露，究竟是仁慈還是自私，也就越眞實。

同樣是辭職去環遊世界旅行，隨便挑四個例子：一個選擇帶未婚夫從南美洲開始環遊世界的台灣裔紐西蘭籍部落客Winny、帶著媽媽從首爾出發環遊世界的韓國媒體人太源晙、用搭便車的方式一路從北京到德國柏林見女友的美籍華人谷岳，還有被香港算命師警告一整年不得搭飛機，於是選擇一年用步行、船隻、公車、汽車和火車行遍世界去到處找人算命的亞洲通記者坦尚尼，就代表著四種完全不同的世界觀。所以這四個人，明明是在同一個地球旅行，去了同樣的國家旅行，但是寫成的四本書，《地心引力抓不住的冒險家：8公斤行李×325天×35個國家，拉著未婚夫飛向世界盡頭》《帶媽媽去旅行》《三十歲的成人禮：搭車去柏林》跟《算命先生告訴我：工作與命運的重整遊戲》，卻幾乎沒有任何相似的地方。

之所以如此不同，並不是巴西的里約、尼泊爾的加德滿都在這四個人去的時候，有什麼戲劇化的改變，而是這四個人的世界觀完全不同，所以我們看到完全不同的視角。也因爲這樣，旅行如此讓人著迷，沒有兩個人眼中看到的世界是一模一樣的。

從小被喜歡旅行的父母帶到紐西蘭成長、爲了存錢旅行而去澳洲南部工作的台灣人Winny，終於實現多年的夢想跟未婚夫花了一年時間環遊世界的最後，她寫了兩個對於自己的觀察，我覺得特別有趣。

第一，她說環遊世界一周之後，自己雖然沒有找到未來的方向，卻有了面對未來無論遇到什麼挑戰都能解決的信心。

第二，是經過了一年不間斷的旅行，她發現自己漸漸打破華人對於周遭事物很少提出疑問和反駁的習慣，變成一個更容易提出「爲什麼」的人。

一個年輕人在三十歲以前，花盡大半的積蓄，還有一年的時間，學到了這兩件事情，究竟值不值得？作爲一個把旅行當成一種生命方式的我來說，我當然覺得是超值的，但這也正揭露我作爲一個擁有旅行魂、一個喜歡哲學思考的人的世界觀。學會勇於判斷，而不在意別人的眼光，或世俗的標準答案。

覺得自己知道得太少的話，去旅行吧！只要「態度」對了，你已知的，當然就能提供足夠的基礎，去理解那些世界開展在我們面前未知的事。

思考 MEMO

找到肯定自己的方法

在日常生活中刻意做出改變，想一想，
你能做到幾項？

- ☐ 學會「旅行」和「思考」，讓我不再自卑。
- ☐ 用「旅行」來作為生活的一種主軸，也用旅行的態度來安排每一天可用的時間。
- ☐ 保持對世界的好奇心，打開家門，就算不用去環遊世界，世界也會走進你的生命。
- ☐ 擁抱世界，其實沒有那麼困難，就從學習好好聊天，一起說故事開始。
- ☐ 學習不在意別人的眼光，或者世俗的標準答案。

03

覺得
已經來不及

如果你覺得「沒時間」，

表示那些事情並不重要；

如果你覺得「來不及」，

表示你只在乎結果，不在乎過程。

人生的兩種來不及

我時常聽人說：「我已經來不及了。」

但是來不及，其實可以分成兩種。

第一種來不及，是假的。

說這句話的人，有時候是退休以後，才「發現」自己這輩子都忘記存錢、理財的老人。有時候是在高齡九十多歲老母親的喪禮上，一個六、七十歲的兒子，不勝唏噓地說自己還「來不及」讓媽媽過好日子，去遊山玩水，怎麼就這麼快走了。

這樣的「來不及」，之所以不是眞的，因爲任何旁觀者都看得出來，這個人活了大半輩子，怎麼可能「沒時間」存錢、做理財規劃？怎麼可能「沒時間」陪伴母親？唯一合理的解釋，就是他根本覺得這件事情不夠重要。重要的事情，我們永遠有時間做，像是無論再怎麼忙的人，發現自己罹患重症時都會突然有時間進醫院，而且要多少時間，就有多少時間。罹患重症發現時已經來不及治療，除了極少數例外，大多數是覺得「沒時間」養成習慣過健康生活、或是定期健康檢查的人，但假的「沒時間」，造就了眞的「來不及」，說不定有一天我自己也會加入這個浩瀚的陣容。

會說「沒時間」的人，往往忘記人生其實沒有「結果」，只有「過程」。他們爲自己規劃了人生進度：要在幾歲的時候，做到什麼事；要通過什麼考試，取得什麼證照；賺到人生的第一桶金，第一間房子；幾歲的時候生孩子，甚至連性別都決定好了，但是人生怎麼會有「結果」呢？如果一定非說個結果不可，那就是「死亡」。死亡是人生在世唯一的結果，也是共同的結果，雖然有先後早晚，但是不分貧富貴賤，一律生不帶來，死不帶去，非常公平。

剩下的，就只有過程而已。

第二種來不及，是蠢的。

我一個好朋友生了兩個可愛的孩子，聽他們兄妹倆的對話，時常讓我忍俊不禁。有一天，這個妹妹突然說：

「我小時候很想學芭蕾舞，現在來不及了。」

哥哥看著這個妹妹，很淡定地說：「妳現在就是小時候。」

這個哥哥七歲，妹妹五歲。

這樣的「來不及」，之所以蠢，因爲不管老師、教練、專家怎麼說，無論學鋼琴、體操、還是芭蕾舞，學習外語、報考醫學院想當醫生、出國念書，都沒有年齡限制，更何況是學習用3C產品，培養美感，欣賞藝術品的能力，養成良好的生活跟運動習慣，只要活著的任何一天，都可以開始。但是大多數的成年人，卻像這個五歲的小女孩一樣，名正言順地向世界大聲宣布：「我已經來不及了！」

即使有年齡限制的事情，像是報考空服員，申請到國外的打工度假簽證，之所以來不及的原因，就是剛才的第一種——只是在滿三十歲之前，整整三十年的時間，都不覺得這件事情重要罷了。所以，下次再說「我已經來不及了」時，不妨問問自己，是不是這兩種的其中一種？

你無法忍受自己的落後

我有一個長相甜美的學妹溫蒂，最近剛剛滿三十歲，是朋友圈中公認的才女。她會好幾種流利的語言，在德國居住多年，熱衷於社會企業，在非洲納米比亞實習，完成她自己非常喜歡的美國私立名校的碩士學位，父母很大方贊助一部分昂貴的學費。非洲打開了她對未來和世界的可能性，未來可能會繼續到非洲去做喜歡的專業工作，現在的她在美國華盛頓首府的衛生組織。

怎麼看都覺得是人生勝利組的她，卻跟其他所有人一樣，對於邁入三十歲感到焦慮。

「爲什麼我對於三十歲感到焦慮？」溫蒂問我。

其實答案很簡單，溫蒂覺得「來不及」。但人生這麼長，到底來不及什麼？是因爲覺得再不趕快生孩子，就快要變成高齡產婦了嗎？還是覺得不夠有成就？有別的擔憂？

我們從小到大，似乎總是被「來不及」的遺憾追趕著。但我們眞的知道，爲什麼會一直覺得「來不及」嗎？

到底什麼叫做「來不及」？

而什麼時候，才眞的「來不及」？

「來不及」其實不是原因，而是結果。覺得「來不及」，背後的原因是對自己有特定的期待。

如果沒有期待、凡事隨遇而安的話，當然就沒有所謂「來不及」。

所以我問學妹溫蒂，對於三十歲的人該有什麼樣子，有著什麼樣特定的期待呢？溫蒂說，三十歲的人：

1.應該已經結婚了。

2.應該要事業有點成就。

3.應該在心理跟行爲上都夠成熟。

4.應該負起照顧父母的責任。

5.對自己應該覺得自在。

但是她覺得自己幾乎什麼都沒有做到。

「如果妳的閨密很沮喪地跟妳說，轉眼要三十歲了，說愛情沒愛情，說事業沒事業，不但沒辦法照顧父母，又對自己不滿意，妳會怎麼跟她說？」

「我會告訴她，她其實眞的很棒，而且我會把覺得她爲什麼很棒的地方，說給她聽。」

「所以如果別人沒達到社會期望沒關係，換成自己卻不行，妳有沒有發現這之間有不一致的地方？」

溫蒂點頭。

「妳會對閨密說她很棒，難道是說謊嗎？」我追問。

「當然不是，」溫蒂說，「我是誠心誠意的。」

「那是爲什麼？」

我們可以看出溫蒂對自己的嚴格標準。

對自己比較嚴格的人，其實不見得是特別有紀律，但可能是覺得自己應該要比別人優秀，所以別人沒做到沒關係，自己沒做到卻不行。

換作是一個自卑、覺得自己處處不如人的人，不會對自己特別嚴格，他們會把自己的狀態「合理化」，會告訴自己「我能做到今天這樣，已經算很好了。」

覺得自己比別人優秀，對自己的要求會比別人有更嚴格標準的人，當自己沒有達到這些標準時，就產生了「來不及」的感受。

很多「來不及」是假的

有些「來不及」是眞的，但是大多數是假的。

眞的來不及，是急性心肌梗塞，坐在往醫院的救護車上，來不及搶救就斷氣了。但是六十歲的兒子，說九十歲母親來不及等他退休後一起遊山玩水就去世了，這種「來不及」當然是假的。因爲他成年之後，足足有四十年的時間，可以帶著母親去旅行，如果眞的想這麼做的話，怎麼可能會來不及呢？

覺得選錯組的高中生，已經來不及成爲醫生，當然也是假的，因爲人生如此漫長，想進入醫學院，根本沒有年齡限制，隨時都可以這麼做。

覺得來不及學鋼琴、跳芭蕾的母親，當然也是假的，因爲我從來沒有聽過世界上任何國家有一條法律，禁止成年人學習任何特定的樂器或舞蹈。

如果有一個摔斷腿的人，經過了三年都沒有去骨科，維持癱瘓的狀態，他說都是因爲來不及去醫院，我們一定覺得荒謬吧？

所有這些假的「來不及」，背後都只有一個簡單的原因，就是覺得這件事情不夠「重要」。

腿摔斷的人，當然會立刻去醫院把骨頭接回，打上石膏，因爲覺得這件事跟其他事情比起來，最重要。

如果高中生覺得可以一輩子當醫生比晚一年進大學重要、母親覺得學彈鋼琴比滑手機重要、兒子覺得帶母親旅行比上班重要，當然就會付諸行動。之所以沒有行動的原因，其實就是覺得不重要。

因爲不重要，所以沒有去做的事情，因此變得「來不及」，這樣的「來不及」當然是假的。

思考 MEMO

抓住否定自己的原因

有沒有哪一項敘述符合你的情況呢？
若有的話，是哪幾項？

- ☐ 不知道自己想要什麼，找不到自己的人生目標。
- ☐ 總是盲目地感覺很多事情都來不及，覺得時間不多了。
- ☐ 認為結婚早晚跟幸不幸福，有關係。
- ☐ 常常和身邊的人比較，卻忘了比昨天的自己更好才是唯一重要的比較。
- ☐ 回答問題時常說：「不知道、我不確定、要看情況。」而不是爽快做出選擇。

為什麼常常覺得時間不多了

我記得有一個來自香港的讀者，他形容自己是一個沒有用的人，不知道自己想要什麼。他說自己快二十三歲了，但什麼都沒有，沒有夢想、沒有目標、沒有人喜歡。當初在升學考試失敗了，進不了大學，選擇讀技職學校兩年，畢業後做了現在這份工作快三年了，但不想繼續做下去。

「這樣子的我，沒有活著的意義。」他說。

「你想要什麼？」我問。

「我不想被人看不起，我想讀大學，有一個大學學位，但是來不及了，思想也好像定型，不再青春了。工作這三年，我好空虛，有時去旅行，爲的只是逃避自己的孤獨和困難。想要有貢獻，但總是十分自私地不想付出。常常幻想自己有多了不起，希望別人對自己有崇拜和羨慕，不想看到自己的醜陋和沒用，或是一個廢人。說穿了，我只會想，但沒有勇氣去做，而且也不敢去面對自己的不足和短處。讀書只想花最短的時間得到最多的收穫（最高的成績），不勞而獲。對人，對自己，只會說謊，到現在不敢再以眞面目去面對別人，也不再相信人，好虛僞。」

聽到這樣的話語，我的心裡糾結了一下，到底我們的教育建立了什麼樣的價值觀，讓選擇念「技職教育」的年輕人變得如此自卑，覺得自己「輸了」，甚至說自己是一個沒有用的人，好像只有「會念書」「考大學」才有資格變成有價值的社會人，這讓我很難過。在德國的社會，我們不會看到選擇技術工作的人變得缺乏自信，覺得自己是次等人，但爲什麼這樣的情結在華人社會上卻是如此明顯，讓人心痛。

「其實，我很怕失敗，怕自己不是讀書的料，怕自己沒有辦法去爲自己的人生負責，最後失敗和後悔。因爲時間不多了，我不想自己浪費時間去失敗，去做一些沒有結果的事。」他不斷強調。

你也看到不尋常的地方了嗎？一個二十三歲的年輕人，竟然覺得自己時間不多了，這聽在年紀大上很多的人耳中，多麼刺耳！

「爲什麼？」

「我很怕比人慢，比人差，被人取笑，很想被人羨慕，被人稱讚。」

於是我知道了，他的「時間不多」並不是來自於現實的限制，而是來自於自己的焦急。

四十歲結婚，來不及幸福嗎？

我請他想像一件比同齡的人更晚去做同一件事，會讓他焦急的事。

「如果身邊每個人都三十歲結婚，我卻四十歲才結婚，就會讓我焦急。」

於是我請他試著想一想：

1. 有沒有看過或聽說過三十歲之前就結婚，但婚姻不幸福的例子？
2. 有沒有看過或聽說過四十歲以後才結婚，但婚姻非常幸福的例子？

以上兩個可以是自己身邊的人，或古今名人，沒有限制。他幾乎不假思索地回答：「兩種例子，我都沒有。」

我忍不住大笑：「一個住在香港的成年人，無論對於家人或是身邊的朋友，還是影視人物的八卦，會立刻就回覆沒有『二十多歲結婚但是婚姻不幸福』，或是『四十歲以後才結婚，但是幸福快樂』的例子，你覺得是很有可能，還是不大可能的事？」

顯然他急著到達目的地，直接得到答案，想要跳過中間所有「不重要」的過程。但是**人生幸福與否，往往取決於「過程」，而不是「結果」**。

被我這樣挑戰以後，他終於稍微靜下來思考，告訴我「二十多歲結婚但是婚姻不幸福」的例子，是謝霆鋒和張栢芝；而「四十歲以後才結婚，但是幸福快樂」的例子，是二○一五年再婚的賈靜雯和修杰楷。

「可是幸福是怎麼樣？什麼樣子代表幸福？我只是從他們的婚姻狀態去評定他們是不是幸福，可是我如何知道他們私底下是不是很幸福呢？」他問。

「所以幸福不是外人可以評定的。只有自己知道，不是嗎？」我笑了，「你仔細想一想，你心目中這種別人沒有辦法判定，只有自己才知道的幸福，應該是一種結果，還是一種過程？」

於是他像大夢初醒般，意識到自己成長過程中，總是只想要得到結果，不想等待，不想要過程，只想知道可以擁有什麼。

人生如果只在乎結果，那多麼無趣，因爲所有人生最後的結果就是「死亡」。但是如果人生最重要的是過程，那麼無論四十歲才結婚，還是第一次學彈鋼琴，當然都來得及，也都可以在這過程當中感受到貨眞價實的幸福。

真正重要的事情，不會來不及

身爲大人，每次聽到三、五歲的小孩子，語重心長地說：「我小時候如何如何……」都忍俊不禁會笑出來，覺得這個孩子，無知而可愛。因爲在大人的腦海裡，很清楚地知道，這個孩子根本還沒長大啊！對於人生，這孩子幾乎什麼都不知道啊！但是當一個人無論在二十歲、三十歲、四十歲，或是六十歲時，說出一樣的話時，其實依然可能對於人生一無所知。

那些七十歲開始學寫電腦程式，八十歲開始當網紅，九十歲開始學習滑雪，卻從來沒有覺得自己已經太老、來不及了的人，才是眞正懂得人生滋味的。

就像摔斷腿的人，不會來不及去醫院。

認爲感情重要的人，當然不會來不及談戀愛。

把陪伴家人看得比工作重要的人，不會沒時間陪家人。

如果我們夠誠實，就可以看得出來，大多數我們人生當中來不及做、沒有做的事情，都是我們心目中不夠重要的事情。**世界上真的來不及的事情並不多，只要真心認為重要的事情，都不會來不及。**

思考
MEMO

找到肯定自己的方法

以下這幾項觀念是否能幫你重拾信心？
若有的話，是哪幾項？

- ☐ 會說「沒時間」的人，往往忘記人生其實沒有「結果」，只有「過程」。
- ☐ 覺得「來不及」，背後的原因是對自己有特定的期待。
- ☐ 無論四十歲才結婚，還是第一次學彈鋼琴，當然都來得及。
- ☐ 只要真心認為重要的事情，永遠都不會來不及。

04

覺得自己不夠勇敢

如果你覺得自己不夠勇敢，

就承認你的恐懼，

看清楚，真相並不可怕。

假如恐懼被看見？

有兩個小孩的母親小麥，她說其實她很想要做哲學諮商，但是看了諮商的場面其他人的提問以後，害怕自己提問後，無法回答的恐懼被別人看到……

從小麥的問題當中，我突然看到了自己。因爲這也就是我的問題。

就像小麥一樣，我眞正恐懼的，不是讓人恐懼的事物本身，而是害怕被別人看穿我們的恐懼。

於是我問小麥，如果今天有一個陌生人，說他很想要做哲學諮商，但是同樣的理由，因爲害怕提問後讓自己的恐懼被看到，妳會覺得這是一個怎樣的人？小麥回答：

1. 這個人很複雜。
2. 這個人不相信別人。
3. 這個人有很深的恐懼。
4. 這個人下結論太倉促。

「在這四個假設當中，妳覺得其中有沒有哪一個因素，是讓這個人不敢發問做哲學諮商的最主要原因？」我問小麥。

「我覺得是第三點，『恐懼』這一項。」小麥說。

我認爲小麥說得滿有道理的，因爲害怕被看到自己的恐懼，程度嚴重到不敢發問的人，肯定有著很深的恐懼。

「恐懼」的好處

「我們來玩一個遊戲吧，」我跟小麥說，「恐懼這麼不好，但是妳有沒有辦法想出恐懼的好處？」

想了一會兒之後，小麥想出兩個：

恐懼的好處之一：讓人趨吉避凶，免於威脅。

恐懼的好處之二：讓人腎上腺素分泌大增，保持警覺。

「在什麼時候，恐懼是對人有好處的呢？」我問。

「比如說遇到老虎的時候，或是火災的時候。」小麥說。

我接受她的兩個例子，因爲被老虎追時腎上腺素分泌，爬到樹上躲過一劫；

或是火災時跳過高牆逃生，都是因為恐懼帶來的好處。

「所以如果我們只說，世界上有一個東西，可以讓人趨吉避凶，免於威脅，又可以讓人腎上腺素分泌大增，保持警覺，遇到老虎或是火災的時候，能夠逃生，妳會覺得這種東西是好的？還是不好的？」

「當然是很好的。」小麥說。

「這個很好的東西，叫做『恐懼』。」我笑說，「妳不覺得很有趣嗎？」

小麥陷入沉默。

「恐懼」的壞處

「我知道妳很懷疑，妳最不喜歡的『恐懼』，竟然被說成是好物。」我對小麥說，「那我現在給妳一個機會，請告訴我『恐懼』的壞處是什麼？」

小麥想了很久以後，想出三個：

恐懼的壞處之一：讓人覺得無能為力。

恐懼的壞處之二：讓人覺得丟臉。

恐懼的壞處之三：讓人變得情緒化。

「妳有沒有發現，妳剛才說恐懼的第二項好處，是讓人腎上腺素增加分泌，發揮力量做出平常做不到的事，但是恐懼的第一項壞處，卻說是『讓人覺得無能爲力』，妳不覺得這兩點自相矛盾嗎？」我問小麥。「妳能不能夠解釋爲什麼會這樣？」

小麥仔細想過以後，她說其實並沒有矛盾，因爲當讓人恐懼的事情發生「當時」，會「讓人覺得無能爲力」，就好像英文俗諺裡面常說的「deer in the headlight」（被車頭燈照到的鹿），突然會僵住，一整個動彈不得；一旦回神「之後」，腎上腺素分泌，說不定可以讓人產生平常沒有的力量，因而趨吉避凶，免於威脅。

「所以如果看妳說的老虎、火災的例子，我們以結果論的話，恐懼會帶來什麼樣的結果？」我問小麥。

小麥思考以後這樣回答：

恐懼最好的後果：逃過一劫。

恐懼最壞的後果：被火燒死、被老虎吃掉。

「所以恐懼最壞的結果，跟沒有採取任何行動，其實沒有什麼差別不是嗎？因爲在睡夢當中被火燒死，或根本沒看到後面有老虎撲來，兩種情形都是『沒有恐懼的』，但結果跟『有恐懼』是一樣的。」

所以我們得到一個結論：**恐懼並不會讓結果變得更壞，頂多只會跟原本最壞的情形一樣，但是恐懼卻有可能讓原本的壞結局變好。**

「可是恐懼的另外兩個壞處，讓人丟臉，還有變得情緒化，妳沒有討論。」

小麥向我提出抗議。

「我們前面已經討論過了，」我說，「因爲無論是丟臉、還是情緒化，都是恐懼發生『當時』才有的，就像晚上森林裡的鹿，突然被駕駛人的車頭燈照到，整個僵住一樣，妳覺得這兩種反應是會一直持續，還是很快就會過去呢？」

「很快就會過去。」小麥說。

「所以無論多麼丟臉，或是情緒變得多麼激動，產生力量去行動的話，這樣可以嗎？」我問。

「這樣的話，應該就沒有太大關係了。」小麥想了一想說。

「所以妳應該喜歡恐懼才對，怎麼會害怕恐懼呢？」我們得出了這樣的結論，「恐懼最大的壞處，頂多也就跟什麼都沒做一樣罷了，但恐懼說不定會變成妳脫離困境的力量，那不是很棒嗎？」

「所以，妳喜歡恐懼了嗎？」我問小麥最後一個問題。

「我很驚訝地發現，我最害怕的『恐懼』，其實根本沒有任何實質的壞處。我想我從現在開始，可以喜歡恐懼。」

這個結局，雖然出乎小麥的意料，但卻是如此合乎邏輯，因爲逃避讓自己產生恐懼的事，其實才是不理性的做法。

齊柏林教我學會的勇敢

我還記得二〇一七年初夏的那一天，電話另一頭語帶哽咽的聲音說：「齊柏林走了！」當時我正在武漢機場的候機室，爲了天氣原因誤點兩個鐘頭的烏魯木齊航班，可能因此趕不上下一班飛機而覺得懊惱。

聽到消息時，我腦海裡第一個浮現的字眼，不是「悲傷」，而是「再見」。

我的法國哲學老師奧斯卡・柏尼菲正好在我的身邊，但他只是聳聳肩：

「眞不幸。但這是他的生命。」

我知道他會這麼說，並不是因爲哲學家只有理性、沒有情感，而是他認識了生命的本質。

因爲在這之前，我們提到他正在巴黎念大學的兒子，最近迷上了學習拳擊。

「你看到他鼻青臉腫地回家，難道不會心疼嗎？」旁邊一位也有個年齡相近兒子的中國媽媽，忍不住露出不捨的表情。

「不會，雖然他是我的兒子，但他並不是『我的』。」奧斯卡一面說，一面聳肩，就像他聽到齊柏林的死訊時一樣。

「就算被打成腦震盪也沒關係嗎？」這位中國媽媽追問。

「就算他被打死了，我會難過，但是又怎麼樣呢？」奧斯卡說，「我兒子的生命，是他自己的，而他在做他喜歡的事，爲自己有熱情的事物而死，這不是很棒嗎？」

當時，話題很快轉到了拳王阿里，他的原名是Cassius Marcellus Clay Jr. 而在英語中clay就是可塑性很高的黏土，跟無堅不摧的拳王形象，似乎很衝突，然而如果看他打拳，又確實在剛強中有種黏土般的柔軟。

奧斯卡自己也是這樣，他太崇拜他的老師，也就是生活在兩千四百多年前希臘雅典的哲學家蘇格拉底，公元前三九九年，正是因爲他太過於專注於用不斷向人發問來追尋眞理，冒犯了許多位高權重者，所以當時七十高齡的蘇格拉底被控不敬神和腐蝕雅典的年輕人，被判處服毒而死。

蘇格拉底其實是認識一些有力人士的，所以有人建議他，可以拜託這些有力人士幫他逃脫，但是蘇格拉底不願意，因爲他一輩子都正面迎接各種困難的問題，從不閃避，所以即使面對死亡，也不想背叛一生的原則，爲了存活下來而當一個懦夫，所以欣然服毒而死。

「我這一輩子，也不斷用蘇格拉底對人提問的方式，來實踐我對哲學的熱愛，堅持不讓哲學停留在知識性的理論層面，冒犯了許多人，如果有一天被人一刀捅死，我也不會覺得意外。」他時常在激烈的辯證討論之後，一面抽著他最愛的小雪茄，一面這樣說。**「但是為了最愛的事物而死，那又有什麼關係呢？」**

這一、兩年，我決定跟一群很棒的專業工作者，在台灣南部的西拉雅國家風景區，輔導在地的產業，找到自己的故事，在不改變原本的生活方式下，讓西拉雅能夠像璞玉般被看到、被欣賞，其實會這麼做，跟齊柏林有直接的關係。

如果把台灣比喻成池塘，台灣人是生活在池塘裡的魚，那麼長年在海外念書、旅行、工作的我，則是一隻離開池塘的蝌蚪，雖然很多人帶著羨慕的眼光問我關於「世界觀」的問題，但是我常常問自己，我眞的比其他人更懂得「外面的世界」嗎？我眞的了解我的故鄉池塘嗎？他們心目中想像我所看到的世界，究竟是什麼樣子？跟眞實的差距有多大？而我怎麼知道我對故鄉池塘的認識是對的？我開始問自己這一連串的問題。

當二〇一三年，我看完讓我尊敬的老朋友齊柏林用空拍攝影的《看見台灣》以後，我和齊柏林私下聊了聊，我看到他雖然頭髮比多年前初識時少了一些，但是眼睛裡卻多了一份過去從來沒有的光彩，於是我當時才下定決心，走上了再發現台灣的旅程。但這一次，並不是到世界的盡頭，而是回到我來自的故鄉池塘，重新探訪那個我不知道是否眞正認識的台灣，齊柏林直接影響了我現在正在做的事。

「如果找到一件想做的事，你會想要一直做下去，不會想要停下來，不會想到要退休。如果有下輩子的話，你應該也會想要繼續做同樣的事。」我記得奧斯卡曾經在一次哲學諮商中，這樣回答一位猶豫不決，想要換工作又不知道應該怎麼做的客戶。

按照《斐多篇》的記載，面對死亡，蘇格拉底非常平靜，跟平常一樣和他的學生克里同、斐多、底比斯來的西米亞斯和克貝等人進行哲學論證，當時在場至少有十五人，只不過這次的主題，圍繞在「死亡是什麼」和「死亡之後會如何」，而蘇格拉底認爲靈魂不朽，將死亡看作一個另外的王國，一個和塵世不同的地方，而非存在的終結。

所以聽到讓我尊敬的老朋友齊柏林在勘景的過程中失事喪生，雖然心中很遺憾，但是我的心裡也很清楚，我沒有爲齊柏林悲傷的權利，因爲自從他毅然選擇離開了公務員的規律生活之後，直到飛機失事的那一刻爲止，他都一直忠實地爲自己的信念而活。他一直很快樂，雖然他沒有拍完《看見台灣2》，但是就算《看見台灣2》拍完了，就算長命百歲，他也會繼續拍《看見台灣3》《看見台灣4》，還有《看見台灣5》。如果有下輩子，我相信他還會做一樣的事情。

我只想要謝謝齊柏林，讓我們看到一個人在台灣，可以如此專注而認眞地使用自己的生命，讓他喜愛的台灣，無論是醜陋的還是美好的，都像蘇格拉底誠實的提問那樣被他的同胞看見，無論他們喜不喜歡。無論蘇格拉底，還是齊柏林，他們一直到生命的最後一刻，都在做唯一讓他們生命歡悅的事，我不應該爲他們的死悲傷，我想要謝謝齊柏林，就像我的哲學老師奧斯卡感謝他的老師蘇格拉底那樣，謝謝你。再見。

深呼吸一口氣，登上飛機，我也沒有感到害怕。

看清楚，真相並不可怕！

回到我面對奧斯卡的恐懼。

在大學研究所裡，老師時常會接到委託的計畫案，將工作分配給學生，讓學生在老師的保護下，有實際練習的工作機會，叫做「實習」。這並不代表學生已經有能力獨當一面了。

「我已經不是大學生了，而是一個出社會工作很多年的成年人，我不可以再像躲進父母羽翼底下的幼雛，躲進奧斯卡的保護傘下。」我記得當時冠冕堂皇地說。

「所以你到底是不想搶我的客戶，還是你還沒準備好？」奧斯卡自己是三個孩子的父親，所以他用看著他青春期叛逆的兒子的眼神，看著我侃侃而談，覺得我只是在找藉口逃避我不想要做的事情。

「都有吧！」我任性說出了完全不負責任的話，可是我的心底知道自己被一眼看穿了。

我的伊朗同學馬漢，在一旁看得一清二楚，劈頭第一句話就問我：「告訴我，你在怕什麼？」

當時我覺得很突兀，不知道他怎麼會這麼說，但是現在回想起來，或許馬漢認爲人類的問題就像漢娜・鄂蘭（Hannah Arendt）說的，總是「從我們最新的經驗和最近的恐懼的制高點，重新思考人類的條件」，這跟我們在做哲學諮商時，一開始第一句問客戶「你有什麼問題呢？」本質上並沒有不同。

我現在終於看出來了。

看見自己不夠勇敢，承認自己的恐懼，可以幫助自己釐清問題，看清語言的本質，還有自己的本質，就像看清楚冬天的枯樹，才是樹真正的姿態。面對困難不逃跑，不代表就是要對抗全世界，而是只要不想著去刻意隱藏，恐懼很快就會消失，然後就可以清楚看到帶給我們恐懼的事物，眞相往往並不可怕。

其實我真的夠勇敢

小時候我對於《綠野仙蹤》的故事裡，那頭膽小的獅子特別有感覺，因爲牠總讓我想到自己。

被一陣龍捲風吹離堪薩斯的桃樂絲，和鐵樵夫、稻草人及獅子一起踏著黃磚道，彼此扶持前進翡翠城追尋夢想的冒險故事，故事中鐵樵夫想要一顆心臟，稻草人想要一個聰明的頭腦，而看似凶猛的獅子卻希望能得到勇氣，因爲牠是一隻膽小的獅子，牠一直在尋找勇氣，可是卻怎麼找也找不到。

我從小因爲早讀，個子比同學都瘦小，又內向害羞，不敢說出自己眞正的想法，所以一直到長大以後，雖然長得比別人高大，也能夠鼓起勇氣上台侃侃而談，但是私下，還是那一隻尋找勇氣的膽小獅子。

話說《綠野仙蹤》裡一直爲膽小所苦的獅子，有次跟桃樂絲一行人在森林裡，眼前突然出現一道又寬又深的山溝，底下鋪滿尖石，側邊又十分陡峭，把森林隔成兩邊，任誰也無法通過。

這時膽小獅突然冒出一句：「我想我跳得過去。」於是牠一次背一個，在深溝兩邊來回跳，直到把所有人都帶到森林另一邊爲止，解決了難關。

過了山溝後不久，兩隻大怪物窮追不捨，一行人匆忙逃跑，這時在最後面殿後的膽小獅，竟然再度突破自己，回頭對著大怪獸發出巨吼，暫時嚇退牠們。

獅子並不知道，在面對恐懼的過程中，他已經不再是膽小的獅子，變得夠勇敢了，只是自己不知道而已。

以為自己不夠勇敢的人，說不定只是不知道勇敢的定義。其實勇敢有三種，所謂自然的勇氣、道德的勇氣，以及生命的勇氣。

膽小獅所追尋的，是我們一般定義中的「自然的勇氣」。

但是世間還有一種「道德的勇氣」，是拒絕去做爲了自己的利益，傷害別人的事情，小到不占別人便宜，大到不占社會的便宜，都是有道德勇氣的事。那些沒有能力拒絕誘惑的人，無論多麼孔武有力，也只能算是沒有勇氣、軟弱的人。

另一種「生命的勇氣」，是指能夠去面對生活中挑戰的能力，我們最常聽到身邊有人說：「我不敢吃醫生開給我吃的這個藥，聽說吃多了會有副作用。」生病了卻不敢接受治療，就是缺乏生命勇氣的常見證據。比如我有一個被診斷出癌症的朋友，他沒有足夠的勇氣去面對自己這個疾病需要的外科開刀、吃藥、各種治療，所以他轉向未知的民俗療法、食療，期待奇蹟出現。但奇蹟一直沒有出現，等到這朋友終於鼓起足夠的勇氣要接受治療時，已經來不及了。

所以如果這三種勇氣當中，你有一種或是兩種，當然就已經夠勇敢了。誰說一定要三種勇氣都具備的人，才是勇敢的人呢？

思考 MEMO

找到肯定自己的方法

覺得自己欠缺勇氣時，問自己這些問題，
思考之後，找回逝去的勇氣。

- ☐ 想一想，自己行動背後的原因，經常是因為恐懼嗎？
- ☐ 因為恐懼而採取的行動，真的有讓壞結局變好嗎？
- ☐ 如果有下輩子的話，有沒有一件事，你下輩子也想繼續做？
- ☐ 你擁有「自然的勇氣」，「道德的勇氣」，「生命的勇氣」當中的任何一項嗎？
- ☐ 做喜歡的事卻沒有回報，你還願意做嗎？
- ☐ 若要你為了最愛的事而死，你願意嗎？

05

覺得
運氣不夠好

如果你覺得運氣不好，
人生有四十個機會，
你把握了幾個？

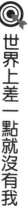

世界上差一點就沒有我

每當身邊很多人抱怨自己的父母不夠愛他們，或是對於其他兄弟姊妹有所偏心，因此感到憤憤不平的時候，我都沒有這種不舒服的感受，而是覺得「能夠活在這個世界上，已經很幸運了啊！」

因爲我的母親很誠實地告訴我，她當年知道懷孕的消息時，一點也沒有高興的感覺：

「那時候的醫學不發達，子宮避孕環脫落了也不知道，所以不小心懷了你。等到發現的時候，已經懷胎三個月，我簡直氣死了。到醫院去找婦產科醫師做流產手術，結果醫生竟然說已經太晚了，不准我墮胎，當時眞的是一百萬個不願意啊！一想到要上班還要當高齡產婦，萬一生出畸形兒我就麻煩了……」

意識到我的存在是一個意外，不小心受孕，差點被墮胎，出生前又因爲大腹便便的母親追交通車上班，差點被摔死。這樣的我能夠被順利生下來，沒有什麼嚴重的身心缺陷，只是生日離中秋節太近，我們鄉下唯一的糕餅店那段時間都爲了趕工製作月餅，停做生日蛋糕，所以從小每年生日時都吃不到生日蛋糕。這種失望對於大多數小孩子來說是巨大的失望，但我只要一想到自己竟然能夠活著吃到月餅，就謝天謝地了。

知道自己的生命，並不是父母去廟裡求子殷殷盼來的，如果我有虧欠誰的話，最虧欠的應該是那位拒絕爲我母親墮胎的不知名醫師，留著我一條命到世上，但這條命本身，好像也沒有虧欠這個世界什麼。

能夠活在這個世界上，已經夠幸運了，不是嗎？

我對於母親決定將我生下來，充滿了感謝，至於其他的，愛啊、家產什麼的，一點都不重要，甚至在我父親去世的時候，我還將自己身爲兒子遺產繼承的那一份權利，也都轉讓給了母親。

幸運是可以準備的

我十分認同**「創造幸運就是將適當的環境準備妥當」**這樣的說法。

十年在緬甸北部的鄉間從事有機農業的經驗，改變了我的人生，也將我的人生第一次跟土地結合在一起，緬甸北方貧瘠的土地，變成了我最好的老師，土地教我農業不只是「靠天吃飯」，更重要的是「創造環境」。因爲每年播種的季節開始，無論前一年是豐收或歉收，都不再重要，只有盡心準備好適合作物生長的田地，讓土地裡充滿有機的養分，豐收才有可能降臨。

我身邊有一些朋友，時常會感嘆自己時運不濟，或錯過了什麼一去不回的好時機（比如說父母輩經濟起飛的年代），懊悔之餘，也羨慕我總是那麼好運氣。

「咦？你眞的覺得我運氣很好嗎？」我總是逮住機會問說這些話的朋友，

「我這十五年來在泰國、緬甸工作，是個名副其實的台勞，你要跟我交換嗎？」

沒料到我這麼說，每個原本覺得我是幸運兒的人，仔細想一想以後，都默默搖頭。

在還沒有這麼描述之前，許多人之所以覺得我很好運，其實不是因爲我做什麼都心想事成，實際上，我在二十歲的時候，從來沒有想過自己四十歲時的人生，會在東南亞落地生根，並且在農村的大太陽下工作。同樣在ＮＧＯ工作，我每個月的薪水，可能只有美國政府援助計畫案同事的十分之一不到。**之所以讓人覺得我很幸運，其實跟薪水、身分等客觀條件沒有什麼關係，而是因為我總是很喜歡自己正在做的事，生活永遠過得有滋有味。**

我珍惜每一個播種的機會，準備好幸運的種子可以蓬勃生長的田地，所以即使靠天吃飯，也能時有豐收。正因爲幸運像土地一樣，是可以準備的，一個認眞準備的人，就是一個能夠迎接幸運的人。

改變人生的幸運機會

因爲在緬甸鄉間工作的經驗，讓我意識到一件重要的事：無論在世界任何角落，靠天吃飯的農人，最知道什麼叫做「幸運」。

我記得第一次見到嘉義東石的有機農友蔡一宏大哥時，就問他這個問題：

「你爲什麼會去務農？」

蔡大哥說，他四十一歲時，因爲台灣製造業外移，原本提供工廠發電機的事業，急遽萎縮，只好回嘉義東石老家去種田。在中年轉業之前，雖然是農家子弟，但蔡一宏說他根本不會務農，所以從頭去上農業專班。

換句話說，是走投無路了，才去務農的。

「印象中覺得大家都在談『有機』，覺得『有機』一定有前途，就迷迷糊糊去報名有機農業班，結果一個禮拜的課上完了，全班就我一個人還是有聽沒有懂，根本不知道老師到底在講什麼……」蔡大哥笑著回憶當時的糗狀，很難想像短短十年之後，從廢耕荒地到如今爆增到一百二十公頃的東石小麥種植面積，就是在他和喜願共和國施明煌「友善栽培復育休耕地」的號召下開花結果的。豆麥輪種，春天種小麥，秋天種大豆，光是他自己的十甲農場契作的面積就超過二十公頃，原本東石一帶三百公頃的休耕地，如今已經縮減到一百公頃，更多的農地開始重新恢復活力，蔡一宏功不可沒。

「那你們現在團隊有幾個人？」

蔡大哥掐指認眞算了好一會兒，「十一個人。」

他說這十一個人的團隊，每個人的專長都不一樣，有土質改善的、有生物防治法的，有育種的、有農業機械的、有專門行銷的、也有倉儲物流的……

「都是返鄉的在地青年嗎？」

「欸……好像通通都是外地來的……」蔡大哥自己也忍不住笑了。「原來農家出身的、會種地的，反而都不願意自己的子弟再走農業這條路。」

這的確眞實地反映了台灣農業人才的斷層。如何創造出氛圍，讓農家青年認爲留在農村，靠土地爲生的發展機會，比到城市去工作更有吸引力，這會是下一步的挑戰。

但是轉而一想，如果當年不是因爲產業外移到大陸，讓蔡大哥的發電機事業走投無路，他不會回故鄉變成有機的新農民。而他的團隊裡每一個不可或缺的這群「外地人」，也都有一個類似的故事，對他們來說，究竟這是人生境遇的無奈，還是人生幸運的轉機，完全端看你的視角。

人生的40個機會

蔡大哥成爲新農民的故事，讓我想到《40個機會》這本書，裡面說一個一輩子務農者，平均有四十個寒暑，而**每一次播種的季節，就是一次全新的機會，務農四十年退休，就等於有四十個全新的機會。**

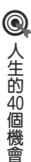

我很喜歡這個觀點。這本書是我在美國華盛頓做「Food Tank」（食物智庫）的NGO友人參與的計畫，也因爲這樣，出版的第一天，我就迫不及待仔細從頭到尾讀完，並且介紹給身邊對於永續農業有熱情的朋友們。

NGO的工作，改變了我的人生，也將我的人生第一次跟土地結合在一起。緬甸北方貧瘠的土地，變成了我最好的老師，它不但教會我農業的規律週期，也提醒著我，每一個播種的季節，對於土地跟農民就是一次機會。一個農夫一輩子種四十年的地，他就有四十次機會，不是一擲定勝負，也不是無窮無盡的機會。即使跟農業無關的人生，大多數成年人其實也都擁有四十個年頭的生產力，可以在這段期間內努力，成爲一個自己喜歡的人。每年有一次自我改進的機會，說多也不多，說少也不少。

如果人生給了你四十次機會，千萬別做同樣一件事，請多嘗試各種可能性，人生並不是一條直線。

實際上，沒有人的人生應該是一條直線。

記得這個世界上，並沒有人規定只能一輩子做一份工作。我時常提醒躊躕不前的年輕人，不管是轉換工作跑道還是出國看世界，如果可以清楚勾勒出十年後的自己是什麼模樣，變成一個快樂而且自己也喜歡的人，那就勇往直前吧！

我在大學時旁聽一堂心理系課程，課堂上老師提到一個「未來的我」（Future Self）的概念，讓我意識到和未來的自己對話的重要性，跨出腳步不是隨機的行動，而是先經過和十年後的自己對話的過程，知道自己想要變成一個怎麼的人，再倒推回來行動。

我也時常提醒台灣年輕人，美國一般成年人在十八歲～四十二歲這二十四年間，平均換了一〇．八個工作，所以不要被台灣社會約定俗成的「一出社會就要找到一份做到退休的鐵飯碗」或是「就算不適合自己的工作是要勉強做滿三、五年才可以換」迷思所制約。重要的是要**學會認清「薪水」與「價值」之間本質的重大區別，了解自己的價值，以及「活著」的真正機會成本**。

以日本的例子來說，很多人以爲日本的高自殺率，反映十五至三十九歲青年不如其他已開發國家的人民快樂，但是根據《經濟學人》（The Economist）週刊的調查發現，事實上，十五至三十九歲這一代的日本年輕人，認爲自己快樂的比例，高於上一代日本人年輕的時候。

讓這一代日本年輕人比較快樂的原因很多，其中好幾個跟工作有直接的關係，比如說終身僱用制度系統越來越罕見，越來越多工作年齡的日本人，轉而從事兼職或非正職工作。老一輩人認爲工作不穩定是不幸的事，但實際上兼差跟非正職的工作不難找，隨時想工作就可以找到工作，想辭職的時候也不用擔心未來會面臨長時間失業。因爲打工性質或是派遣型態的工作多得是，工作比起上一代來說，充滿變化，而且選擇性變多了，終於從一輩子只有一次機會的安定人生桎梏當中解脫，也能享受人生的四十次機會。

雖然經濟快速成長期已經過去，但生活水平仍然很高，非正職工作的薪水，足夠讓一般日本人在生活上都負擔得起喜歡的事物。

雖然調查顯示，比起其他已開發國家，有八成的人認爲自己四十歲後還會快樂，日本年輕人只有三分之二認爲自己四十歲時會快樂，但我絕對不會說這個數字可以當作前景堪慮的證明。

日本如果過去十多年沒有經濟衰退，日本年輕一輩不會從終身僱用制的僵固人生當中解脫出來，變成靈活的創業者，追求自己的夢想。

簡而言之，「態度」決定人生的「高度」。一個人如果把人生的四十個機會，只用了一次，因此離開學校以後的第一份工作，就是最後一份工作，從來沒有去冒險，做任何別的嘗試，這究竟是人生順遂的幸運事，還是不幸？

我不知道別人怎麼想，但是我希望自己是一個能珍惜這人生四十個機會的人。

心態是獲得幸運的視角

我有位哲學諮商的同事，是一位在摩爾達維亞公國的大學任教的哲學系學者Alex，前一陣遇到自己不能解決的困境，於是我陪伴他一起去巴黎見我們的老師求助。

「我的人生被什麼卡住了？」Alex問老師。

跳過中間的細節，最後找到的答案是這樣的：Alex已經習慣了躲在大學的圖書館裡，用大量的閱讀跟學術研究逃避面對自己。換句話說，他認爲自己「被卡住」，其實是「主動逃到洞穴裡面」的必然結果，所以他非但不是對自己的人生無計可施，而且還非常容易解套：**只要停止逃避，走出去就好了**。

Alex豁然開朗。我在那同時，見識到清晰思考的能力對於「心態」（mindset）改變，能夠幫助人產生完全不同的視角。

當我最近在閱讀心理學家卡蘿・杜維克博士（Carol S. Dweck, Ph.D.）的《心態致勝：全新成功心理學》（Mindset:The New Psychology of Success ）這本書時，也有類似的感受。

無論是心理學、還是哲學，只是一扇不同的門罷了，至於推開門後，那個讓人感到豁然開朗的世界，其實是相通的。

一個世紀前美國作家阿爾伯特・哈伯德（Elbert Green Hubbard）說：「如果生命給你一顆檸檬，你就把它拿來做成一杯檸檬汁吧！」（When life gives you lemons, make lemonade.）直到現在，一般美國人遇到逆境的時候，也還時常拿出這句話來彼此勉勵。檸檬本身酸苦，但檸檬汁卻酸甜好喝，對我來說，這就是**「心態改變，世界就會因此改變」**最淺顯易懂的例子。

日本茶道有「一期一會」的成語，原爲日本戰國時代安土桃山時代著名的茶道宗師，人稱茶聖千利休說過的話，記載在弟子山上宗二所著《山上宗二記》中的〈茶湯者覺悟十體〉中。原意是在茶會時，從進來的第一秒鐘到離開的最後一秒鐘，都要領悟到當下的時光無法重來，是一輩子只有一次的機會，所以無論是賓客還是主人，都要各盡誠意，珍惜身邊的人，重視每一次的茶聚。

後來學習日本武道的人也用「一期一會」警惕自己，不要以爲下次還有機會而掉以輕心，萬一疏忽大意，萬一一刀斃命，就沒有下次了。

對我來說，如果決定與一個人見面，那就要非常專注、要有所準備，因爲這很可能是這輩子我們的第一次見面，也是最後一次見面。所以與其隨便見面，或是見面了也無法專心，眼睛盯著手機螢幕，心思飄在遠方，還不如不要見面。

我身邊那些對於一期一會，一日一生感受特別深刻的，往往是鬼門關前走過一遭，撿回一條命的人。

他們每天早上醒來，都像是車禍昏迷三個月以後突然醒來那樣，對活著本身充滿喜悅，對身邊的人充滿感謝，更是對世界充滿好奇，無論有再大缺陷的生命，每天早上能夠醒來都是一場新生。

意識到每天都是新生的第一天，也是死前的最後一天，才知道每一個現在，竟是如此珍貴。這中間的區別，正是「心態」。

從這個角度看來，我果然是個幸運之人。

背景不好，心卻更自由

英文裡面常用「含著銀湯匙出世」來形容一個生在有錢人家的孩子，這樣的人，你一定會覺得他們的人生起跑點，遙遙領先那些出身平凡、甚至貧窮人家的孩子吧？但是我最近到一個全校有三分之二以上的學生，來自符合中低收入戶補助條件的學校，爲孩子們上「我的第一堂哲學課」時，我邀請這些因爲家境不好而自卑，甚至相信自己的未來不會有前途的小學生來思考這件事：

「有誰認識比自己家有錢很多的朋友？」

幾乎有一半以上的學生都舉起手。

「你覺得這些很有錢的朋友，他們跟你一樣，還是不一樣？」

經過台下一陣子熱烈討論以後，有一半的學生覺得，家裡很有錢的人，跟自己很不一樣，另外一半，則覺得沒什麼不一樣。

「你在什麼時候，覺得他們跟你一樣？」我問其中一個覺得大家都一樣的學生。

「只要做的事情跟錢沒有關係的時候，我們就都一樣。」他說，「像是考試的時候。」

「那什麼時候，你覺得有錢人跟你不一樣呢？」我問另一位覺得不一樣的學生。

「需要用錢買東西的時候，就會感覺我們不一樣。」這個孩子說出口的時候，露出相當痛苦的表情，回憶肯定將他帶到了某個難堪的場景，讓人心疼極了。

「那你覺得出生在有錢人家的孩子，比較幸運嗎？」我問所有在場的孩子。

幾乎所有人都舉手了，好像我問了一個很蠢的問題。

「覺得長大以後，無論要不要念書，還是做什麼工作，你可以自己決定人生方向的舉手。」我又問他們。

幾乎還是所有孩子都舉了手。

「覺得那些家裡很有錢的人，無論要不要離開他習慣的環境，出國念書，想不想繼承家業，應該也可以自己決定的舉手。」

剎那間，一雙一雙的小手，慢慢放下了，將近三百個學生當中，只有剩下不到個位數的孩子，手還舉著。

我的頭轉向剛才那位羨慕有錢人家孩子的同學說：

「那你有沒有覺得，如果你自己的人生，可以自己做決定，其實你可能比有錢人家的孩子更幸運？」

那個原本表情痛苦的孩子，突然燦爛地笑了：「有！」

與其說幸運是一種客觀的事實，還不如說是一種主觀的心態，我們決定如何看待世界的視角。所以兩個同樣被診斷出罹患癌症，嚴重程度一模一樣的病人，一個人可能會充滿憤恨地說：「我怎麼會這麼倒霉！爲什麼偏偏是我！」而另一個人卻會說：「我眞的很幸運，可以及早診斷出來！」

其實我們無論是背景還是運氣，眞的都很好，只是有些人知道，有些人沒有意識到而已。

思考
MEMO

找到肯定自己的方法

以下這幾項觀念是否能幫你重拾信心？
若有的話，是哪幾項？

- ☐ 能夠活在這個世界上，已經夠幸運了。
- ☐ 視角決定你的人生故事是無奈的境遇，還是幸運的轉機。
- ☐ 如果人生給你四十次機會，千萬別做同樣一件事，請多嘗試各種可能性。
- ☐ 學會認清「薪水」與「價值」的重大區別，了解自己的價值，以及「活著」真正的機會成本。

06

覺得自己不夠優秀

如果你覺得自己不夠優秀，

是否你一直在「找正確答案」，

而不是「找自己的路」？

怎樣才算「優秀」？

我們從小就被洗腦了，被灌輸「聰明」的重要性，聰明的人會被稱爲「溫拿」（winner），而笨的人會被稱爲「魯蛇」（loser）。

但事實是：聰明的人遇到問題時，不見得會做出比較好的判斷，頭腦好的人，人生也沒有因此比較幸福。

曾經有一個自稱爲魯蛇的讀者，是一個國立大學的畢業生，他跟我說他的煩惱是自己從小學到大學，大人都只強調要好好念書，但是在選擇科系的時候，其實不知道自己眞正想要什麼。每當人家（特別是長輩）問他想要做什麼的時候，腦中都一片空白，覺得大學四年學的東西很空虛，也不想要繼續從事大學主修的相關工作，可是即將要踏入職場，發現不知道要選擇什麼工作，也不想選擇繼續念研究所，也沒有想跟大多數學校同學一樣拚國家考試，因爲都沒有興趣。不只這樣，從小到大也沒學過什麼，打工的經歷都是很簡單的工作，覺得自己沒什麼競爭力。

在面對未來的人生路上很徬徨，從小到大沒有所謂的夢想、沒有目標，不知道自己想要做什麼，覺得很不知所措，每每跟學經歷很豐富的人在聊天的時候，都會覺得自己很自卑，什麼都不會，也沒有任何一技之長，完完全全的魯蛇一枚。

「這樣推算下去，未來大概也娶不到老婆了……」

「人生勝利組」的五個條件

老實說，聽到一個接受良好教育、人生沒有什麼大問題的年輕人，卻把自己用很低的評價形容爲「完完全全的魯蛇」時，不禁納悶爲什麼社會會讓一個人覺得只要自己不是曠世天才，就等於是一無是處的庸才呢？

於是我決定問他，究竟他心目中的「魯蛇」是什麼？他告訴我：

1. 沒有專長技能。
2. 對自我生涯沒有抱負與熱情。
3. 沒有足夠的社會支持（例如家人、朋友、異性朋友）。
4. 缺乏自信。
5. 沒有財富資源。

既然在概念上，魯蛇跟溫拿是「二元對立」的，那麼這五樣條件反過來，符合這些條件的人，應該就是人生勝利組的「溫拿」。

1.有專長技能。

2.對自我生涯有抱負與熱情。

3.有足夠的社會支持（例如家人、朋友、異性朋友）。

4.充滿自信。

5.有財富資源。

「如果你是一個擁有這五個條件的人，你這個月會想要做什麼？」我問。

「如果我有這些條件的話，我這個月大概會繼續埋首於我的專業技能中，持續朝遙遠的未來目標前進。每天早上醒來就是動力滿滿，完成手上的工作之餘，還能充實自己，享受著存在於這個世界上的美好。」

「你喜歡你的答案嗎？」我問他。

「怎麼感覺起來有點空泛……」魯蛇說。

「你有沒有想過為什麼明明符合『溫拿』五大條件的人生，聽起來卻『有點空泛』呢？」

意識到再多的好條件，也不能保證美好人生，或許這是一個很好的起點，讓我們來想想「優秀」這件事。

優秀是否需要來自於別人的讚美？

我請自稱「魯蛇」的大學畢業生，舉出三個他心目中無論古今中外，認識或不認識的「溫拿」，讓我們更具體看到誰才是「溫拿」。

一號：本業是一個專案經理人，跨行當作家以及講師，在網路上分享很多具有實用性的觀念和方法。他對自己的生涯有長遠的目標，會長期舉辦一些課程做教學工作。工作讓他很忙，但是又能在生活上取得平衡。

二號：一個鑽研佛法的學長，自從他開始接觸宗教之後，大部分的時間都在這領域。因爲佛法修持基本上有很多功課需要完成，所以雖然忙，卻能從這項工作中體會人存在的意義。

三號：達賴喇嘛。

於是我請他試著想，既然每個理性的人，行動背後都有他們想要的東西，無論是魯蛇或是溫拿都不例外，那麼這三個他心目中的「溫拿」，行動背後各自想要得到的是什麼？他的答案是：

一號：跨界經理人想要實現腦海中的想法，他想把他所認為有價值的概念傳達出去，因此著書立說，甚至開課。

二號：學佛學長想要讓自己以及社會變得更好。根據這個學長的說法，他腦中從小一直有聲音告訴他要傳遞佛法，並且去解決人世間的苦難，他甚至還說他學佛是因為輪迴的緣故。

三號：宗教領袖想要宣揚佛法中所強調的價值，並且解決人世間的苦難。

根據魯蛇的描述，他心目中的三個「溫拿」們，都是需要別人認同來肯定自己的人，忙著做更多，來增加別人對自己更多的認同，所以就算實現理想，也會覺得空虛，並不會得到眞正的滿足。如果不是爲了「追求他人認同」「希望別人覺得自己聰明」，跨界經理人不會忙著開課出書，而不是安靜地與身邊最愛的家人一起享受努力的成果；學佛者不會忙著傳遞佛法，而不是如原始佛教安靜追求自身修行的精進；宗教領袖不會忙著普渡眾生，而不是專注在自身的修爲精進。

也就是說，追求他人認同、希望別人覺得自己聰明，是他認爲「優秀」的必要條件。

如果得不到足夠的讚美，就會像乾涸的池塘，覺得自己不夠優秀，因此就會去做更多可以得到別人讚美的事。

一個優秀的牧羊人或是礦工，才不會做這種事呢！

爲什麼一個顯然聰明而且受到良好教育的年輕人，卻會自認爲沒有專長、對生涯沒有抱負與熱情、沒有足夠的社會支持、缺乏自信、沒有財富資源，把自己定義成完完全全的魯蛇？

這樣的大學畢業生是眞正的失敗者嗎？我並不認爲如此。他只是太性急，覺得自己專長不夠、抱負不夠、社會支持不夠、自信不夠、財富資源不夠，所以眼前自身擁有的，不夠好；這樣的自己，不夠好，所以把自己冠上了魯蛇的名號。

不過，相對於覺得自己無論如何都不夠優秀的人，也有另外一種極端是，對於自己的差勁，渾然不覺。

比如我曾經收到一封電子郵件，是一個不認識的台灣女性讀者寫來的，原文是這樣的：

「我想請問一下，如果想去連合國工作（也不一定是工作，可以申請到兩至三個月的實習也好，我找不到連合國的官網，懇請能不能指點一下，要不然我不知道能去哪裡看？）要有什麼條件？我今年二十三歲，目前在準備研究所，有自己出國的經驗。麻煩你了！」

這短短幾句話，卻看得我火氣直衝腦門。

首先，一個二十三歲，從小到大學習繁體中文的人，如此淺顯的「聯合國」都可以寫出錯別字，中文程度有待加強。

然後，一個想去聯合國工作的人，竟然可以大言不慚地說找不到聯合國官網，這個笑話也太離譜了。

再來，什麼叫做「兩至三個月的實習也好」，妳知道要進聯合國當實習生有多麼競爭嗎？不說聯合國，以世界貿易組織（WTO）爲例，首次舉辦的「青年學者實習計畫」（YPP），全球僅有十二個實習生名額。一個連聯合國的名稱也寫錯，官網也找不到的人，應該連聯合國在幹麼都不曉得吧？憑什麼認爲實習生的資格手到擒來？

還有，台灣不是聯合國的會員國，拿台灣護照是不能去工作的，連基本國際政治都不了解，憑什麼說自己想進聯合國工作？

從小就想要進入國際組織工作的台灣青年黃一展，爲了能留在聯合國工作，從高中開始準備，研究所畢業後，如願申請到聯合國爲期半年的實習機會，實習期間到亞太總部的五十多間辦公室一間一間敲門，一次一次碰壁，被拒絕到沒感覺。但因爲國籍不被聯合國認定爲「國家」，爲了要圓夢，黃一展最後在國籍欄選塡「無國籍」，做了如此重大的犧牲，才總算在資訊與通訊科技部門取得正職。

心中的OS，我都忍了下來，心裡浮現來自福建的青年李柘遠在《不如去闖》這本書裡說的一句話：「迷茫的大學生大多是『做得不多而想得太多』。」這個十八歲以全額獎學金錄取耶魯大學、二十二歲入職高盛投資銀行、二十三歲獲選「全球傑出青年」、二十五歲考取哈佛商學院的年輕人，相較之下，似乎是烏鴉與鳳凰之別。但再仔細想想，眞的是這樣嗎？

對成功人生的想像

李柘遠的這幾個重要的經歷，被當成人生成功的證據，選錄在書的封面上，但這真的就是成功的人生嗎？成功是什麼？環境生態學家大衛．W．奧爾（David W. Orr）提醒我們，生物界確實沒有「成功」的概念，自然也不需要對於成功的追求。比如說，我們從來就不會聽到有人形容哪幾隻河馬很成功，是河馬界的人生勝利組排名前十名，或某隻蝴蝶超失敗，根本是魯蛇蝶一枚，唯一帶著這個對地球毫無意義的包袱生存著的，就只有人類。

他在《生態教養：為了世界的永續教育我們的下一代》（Ecological Literacy: Educating Our Children for a Sustainable World）裡的一段話，我時常與人分享：

「顯而易見的事實就是：這個星球並不需要更多成功者。但卻迫切需要更多帶來和平的人、能夠療癒的人、能夠修復的人、會說故事的人，和各種懂愛的人。需要人們在自己的地方生活，需要有道德勇氣的人願意加入這場讓世界變得更適合生存也更符合人性的戰鬥，然而這些特質跟我們心目中定義的成功幾乎毫無關係。」

所以如果我只用「成功」來定義李柘遠而不是那個連聯合國官網都找不到的讀者，便也犯了同樣的錯誤。我寧可從過程，而非結果來看李柘遠的故事。

他在廈門念中學時，因爲一心一意想上耶魯大學，即使無法被理解而當成反面教材也沒有動搖，從高中參加模擬聯合國會議的訓練中，學會換位思考，在接受面試的時候，發現回答「是什麼」的正確答案，遠不及知道「爲什麼」來得重要；知道自己想要什麼，但做好充分準備，願意獨立承擔萬一失望的後果，比心想事成更珍貴。進入耶魯大學後，學會正視人生的第一次挫敗，從美國同學學習中文的態度，學會對熱愛之事的熱情與專注，遠比成績重要。當主流社會把他從耶魯到投資銀行到哈佛商學院的故事，解釋成「成功、成功、再成功」時，他卻說自己在金融業學習到如何成爲「誠實、樸實、踏實」的人。

仔細觀察李柘遠講述自己的故事，充滿了自省和謙虛，而不是頭銜或財富這類對於成功的表面想像，讓我覺得安心，也繼續相信，**人在世界上所謂最大的成功，其實是能夠不在乎結果，自信地面對自己的選擇，享受追求過程的能力**。這樣才能逐漸成爲自己喜歡的那個人。

真正的優秀是「對話」的力量

我想到一本喜歡的書，裡面記錄三個交情至篤老友的對話，一個是住在尼泊爾的佛教僧侶（馬修．李卡德）、一位是將靜坐帶到法國心理治療領域的醫師（克里斯多福．安得烈），還有一位二十歲以前生長在身障者機構的哲學家（亞力山大．喬連安），這三人之間長達十天的深度對談，我看到追尋幸福的過程中，人如何可以透過深度眞誠的對話，看懂每一個信念背後代表的思路。

這三個人，一個是宗教家，一個是心理學家，一個是哲學家，無論在自己心目中，或是外人的眼光裡，都是優秀的人。

但是如果要在這些對話中，用世俗的標準去界定他們這三個老朋友中誰最「成功」，似乎是荒謬而無聊的事。

因爲他們的「對話」本身，多麼有趣。

當我們作爲觀眾，看著這三個重要的時代作家用對話的方式，抽絲剝繭地思考同時，我們也看到了透過不同的專業，跨界思考的可能路徑。看到優秀的人，無論是透過宗教學、哲學，還是心理學，都能夠從自己專注的事物中，找到一個有效的對話方法，打開一扇能夠注視自己思維路徑的窗子，不再害怕迷路，因爲能夠專注觀察自己思緒的人，永遠能夠回到原點。

跟彼此對話。
跟自己對話。

對話的力量，雖然不能保證得到幸福，卻可以確定在追求幸福的途中，不怕迷路。對我來說，這比什麼都成功。

「學習別人的經驗」是一種貪婪的表現？

從小，我們總是聽到大人說讀書最大的好處，是「學習別人的經驗」。但從來沒有想到，想要快速地取得別人的寶貴經驗，爲自己所用，就像站在巨人的肩膀上，快速獲得有高度的視角，而不是自己一步一步去試錯、去取得高度，當然就是「貪婪」。貪婪有可能像阻塞心血管的脂肪，變成了思考的瓶頸。

有一天，我讀到蘇格拉底的一段話：**「真正的智慧是來自內心，而不是得自別人的傳授。」**才突然發現，原來當我們面對難解的問題時，其實就是在渴望尋找自己內在眞實的聲音。

我們眞正需要的，往往不見得是別人的經驗談，或放諸四海皆準的「正確答案」，而是究竟有沒有能力去透過問題，知道自己思考的路徑。就像迷路的時候，如果有好心人幫我們指出目的地的位置，固然可以很快讓我們到達想要去的地方，卻沒有辦法幫助我們下次不會迷路。

但若能夠清楚地看到：「原來我就是這樣走，才會迷路的啊！」那該有多麼暢快！因爲想變成這樣的人，我才選擇到法國巴黎去跟隨哲學家奧斯卡・柏尼菲上哲學諮商課，開始學習該怎麼用好的問題，來回答自己的問題。

最近在閱讀席薇雅・恩格爾（Silvia Maria Engl）一本和心理學有關的書《遇見26個自己》時，也看到了跟哲學思考異曲同工之處，**原來優秀的人都選擇「找路」，而不是「找答案」**。

在「找路」的過程中，我也漸漸看懂自己的問題背後代表的意義。

我們認爲「學習別人的經驗」可以避免犯不必要犯的錯誤，少走冤枉路，背後的心態是想要付出最少，得到最多，同時不願意爲自己的決定負責。

「渴望被愛」的人總是說：「別人給我的愛，我會加倍愛回去」，聽起來慷慨，其實極端吝嗇，因爲有條件的愛，充其量只是以「愛」作爲貨幣的貪心生意人罷了，否則爲何不選擇先愛人呢？

「完美主義」者並不代表因此得到完美，而是註定要生活在失望之中。認爲自己是「受害者」多麼簡單，這樣就不用爲自己的不幸負責了。「委屈自己」聽起來多麼冠冕堂皇，但這只是渴望被別人喜歡的小伎倆。「逞強好勝」的人需要靠別人的肯定來確定自己，這樣的人根本不喜歡自己。

當我慢慢學習用思考，幫助自己走出迷宮的同時，我也看到了自己爲什麼會迷路的路徑，這比找到答案更讓人開心千百倍。

聰明，或許是與生俱來的。然而優秀，卻是可以學習的。因為優秀，並不是一種狀態，而是一種心態。

在七件事上下工夫

最近看到高中同班同學的LINE群組，不知道誰找出了當時某一次段考全班的成績單，我很驚訝地發現我的名次在班上是吊車尾的，而且還有些科目，在滿分一百分的標準下，只得了二十九分。

現在回頭來看，這樣的高中生，考出這樣的成績，實在不怎麼優秀。可是當時的我，卻眞心覺得這樣的自己，已經夠好了。因爲當時的我，想做的事情很多，想成爲游泳選手，正在學習吉他，每天下課認眞打工存錢，準備去旅行，想多花時間跟朋友鬼混，想讀很多跟課本無關的書。

現在的我，完全不記得那一年的歷史考試考了什麼內容，答錯的化學方程式又是如何，但是這並不代表我不優秀。因爲那些時間，我做的那些事，雖然沒有讓我成爲游泳選手，但是我到現在爲止，泳技還是很不錯；雖然沒有再碰過吉他，但是到西班牙的時候總是對於古典吉他音樂特別欣賞；當年我們那些沒有在讀書的高中同學，都成了一輩子非常好的朋友。每年我會去很多地方旅行，讀很多的書，這兩件事變成了我人生中非常重要的一部分，而且對自己的財務管理能夠負責，有所規劃，也都是拜那段時間之賜所養成的習慣。因此數學只考了二十九分的我，其實並沒有不夠優秀。

我很認同日本一位人力資源專家新田良對於「優秀」的七個定義：

知識↓有持續學習知識的習慣，就是優秀。

思考↓優秀的思考能夠化繁爲簡，並且想法變成可以具體實踐的行動方案。

行動↓設定目標並且開始立即行動，這就是優秀。

技能↓優秀的人非常清楚知道自己爲什麼需要具備哪些技能，而不是因爲想順便考一下檢定考，或是想成爲莫名其妙的證照達人。

精神性↓除了誠懇，還是誠懇！

學習力→優秀的人重視學習的過程，而不是簡單的成果，像是分數、證書、加薪，或是其他只能表現最終結果的東西。

實力→能夠累積、而且可以反覆表現出來的能力，就是優秀的能力。

所以我相信一個人的「優秀」是後天養成的，**一個真正優秀的人，不是「什麼都很好」的人，而是能夠持續執行自己的意志，表現在知識、思考、行動、技能、精神、學習、實力七個方面的人。**

這是爲什麼我相信，優秀不需要認證也不用桂冠，只要一直在這七件事情上下工夫，當然就可以是一個夠優秀的人。

思考 MEMO

抓住否定自己的原因

有沒有哪一項敘述符合你的情況呢？
若有的話，是哪幾項？

- ☐ 你會去參加明知道沒用的證照、檢定考試。
- ☐ 你覺得自己不夠優秀，卻不知道什麼叫做「更優秀」。
- ☐ 不常觀察自己思緒，不知道如何與自己對話，通常覺得自己的問題「無解」。
- ☐ 會選擇去做可以得到別人的讚美與認可的事，而不是真正重要或自己喜歡的事。
- ☐ 想一想，日本人力資源專家對於「優秀」的七個定義，你是否有持續在這七件事上下工夫？

07

覺得
愛情不夠好

如果你覺得愛情不夠好，

那是因為你愛的是「自我」。

誰是「爛桃花」？

很多人都說自己「感情運不佳」「感情不順」，甚至抱怨出現「爛桃花」，卻沒有意識到自己這麼說，眞正的意思是什麼。

在接觸哲學諮商的個案中，並不意外地有許多人是因爲感情困擾而來尋求幫助，我才發現大家口中的「爛桃花」，跟八字命理根本沒什麼關係啊！所以千萬不要沒事去買一把桃木劍，掛在牆上，那種要你在牆上懸掛一面銅製八卦鏡的人，你也一定不要理他。

因爲只要自己不喜歡的對象，一律是爛桃花，所以我們在抱怨感情不順時，我們自己也可能根本就是別人眼中的爛桃花啊！

至於感情運不好，基本上有兩種類型，**第一種感情不順，是沒有選擇把愛情當作人生的重點。第二種感情不順，則是因為覺得對象不夠好。**

對於第一種人來說，無論是原生家庭，工作，學業，旅行，甚至家裡養的小貓小狗，通通都比愛情重要，所以一旦遇到一個不如自己父親的男人，或是不能接受你在臥室裡面養黃金蟒蛇的女人，他們就瞬間變成爛桃花了。

對於第二種人，永遠相信眞命天子、眞命天女就是下一個會出現的人，所以即使在戀愛中，也不能跟現在的對象修成正果，就算已經結婚，也會有外遇的對象，這種人就算在衣櫃裡左右兩邊各放一隻銅製的金色公雞，也永遠會「遇人不淑」。

在抱怨自己的愛情不夠好時，要先辨識，我們是因爲做了其他替代愛情的選擇，所以愛情不夠好，還是因爲我們總是覺得眼前出現的對象不夠好？

第三種嗎？嗯，很抱歉，我長到這麼大，還沒看過這世界上有第三種啊！

「單身」不等於「沒有愛」

我不是一個熟悉中文流行歌曲的人，但是有一次跟朋友阿亞在KTV唱歌，他點了一首歌，歌名卻完全惹毛我了，叫做〈是我不夠好〉，歌詞是這樣說的：

是我還不夠好　所以他不願承認
承認他還想要鬧　保持這曖昧就好
是我還不夠好　所以他不願承認
承認我對他的好　承認我到底有多重要
也許我不重要……

我生氣到強迫這位朋友立刻切歌，阿亞當然被我的行爲震驚了。

「你眞的覺得你那麼糟嗎？」我氣沖沖地問他。

「一定是啊！要不然爲什麼我過了三十歲還是單身？」

「假設問這個問題的人不是你，是完全不認識的別人，什麼樣的人，會問這種問題呢？」

阿亞說這個人應該是：擔心自己單身的狀態、不想要單身、覺得愛是很重要的、覺得沒有人喜歡一直單身。

「你有沒有覺得其中有一個特別突兀？」我問。

「第三個『覺得愛是很重要的』。」

「我也覺得。你覺得爲什麼突兀？」

「因爲愛讓人生完整。」阿亞說。

「我覺得不是耶，」我說，「還不如說這個人覺得『單身的人，等於沒有愛』。」

阿亞說他從來沒這樣想過，不過如果從邏輯上來說，他眞的有這種可怕的成見，所以他才會這麼介意自己單身。

其實我知道有很多已婚的人，不計代價要變成單身，犧牲他們的房子、財產，甚至孩子的監護權，就是因爲婚姻已經沒有了愛，因此要爲自己爭取恢復單身，才可以再度擁有選擇愛與不愛的合法權利。

所以**「已婚」狀態並不是愛的保證，而「單身」也不是缺乏愛的表現**。實際上，大多數人最美好的戀愛，都是發生在單身的時候，結婚的人如果發生驚天動地的愛情，對象偏偏又不是另一半的時候，問題就很大了。

「所以如果要這個覺得單身很不好的人，在『充滿浪漫愛情的單身』，跟『沒有愛情的婚姻』當中選擇，你覺得這個人應該要選哪一個？」我問。

「那當然選擇有浪漫愛情的那個。」阿亞回答。

「所以單身或是已婚狀態，就不是那麼重要了。」

「確實是這樣。」阿亞點頭。

既然阿亞已經發現他眞正在乎的，並不是脫離單身生活本身，而是渴望浪漫的愛情，所以我請他想三個單身的好處。

他想了想後說：

1.獨立。什麼事情考慮自己的需要就好。

2.有比較多的時間可以給自己。

3.沒有感情的困擾。

雖然阿亞並不是特意爲了要得到這些好處，才保持單身的，但原本對於自己孤家寡人一直覺得憂心忡忡的他，自從意識到單身的好處，包括人可以不斷自由自在一直沉浸在戀愛裡，對於生性風流浪漫的男人來說，確實很具說服力。

「想想看，有多少已婚者願意傾家蕩產，脫離一個已經沒有愛的婚姻，付出昂貴的代價，就只是爲了追求一個像你現在的單身狀態，你卻急於脫離單身，不是很不理性嗎？」我笑著說。

這個單身的焦慮，算是解決了，但也產生了新的問題，因爲阿亞發現他的焦慮根源並不是原先想的「單身」，而是渴望浪漫的愛情，卻一直遇不到那個「對的人」。

「結婚」和「旅行」哪一個重要？

說到單身的焦慮，我記得有一位大學畢業生告訴我，他從十九歲時開始蒐集所有我的書，以我爲人生目標，爲了背包旅遊打工存錢，在二十一歲時第一次當背包客旅行，從此更了解到自己語言上的不足，努力地學英文，也培養更多其他認爲需要補足的能力。那次旅行以後，簡直瘋狂地愛上旅行，也把我的人生座右銘，印度聖雄甘地說的這句話，變成他自己的座右銘：「Be the change you want to see in the world.」（成爲自己想要在世界上看到的改變）。

但大學畢業的他陷入兩難，想去打工度假和旅行，卻擔心未來在台灣的工作履歷，於是爲了「對未來的自己負責」，開始了正職工作，又憂慮兩年後的自己太老，沒力氣了，甚至因爲老了也還是單身怎麼辦？一直困擾到現在長達一年。從小在單親家庭長大，對於親情的缺乏，讓他害怕未來是「一個人」，因爲這個擔心，讓他每每要做決定時都很害怕。如果眞的二十五歲出發去旅行兩、三年，回到台灣就二十八歲了，卻還是一個人……

聽完後，我忍不住想，爲什麼擔心旅行回到台灣後，會是單身？「旅行」跟「單身」之間，從邏輯上來看，明明是沒有「因果關係」的。於是我請他想一想，旅行者到底做了什麼，以至於會變單身？他說「因爲旅行，背包客會不斷握手與分手，所以單身」。

這眞是太奇怪了，按照這種邏輯，另外一個人也可以說：「我因爲上班，工作上需要不斷跟客戶握手與分手，所以單身。」跟旅行不旅行，應該沒關係吧？我請他想會說因爲上班所以單身的人，是一個什麼樣的人？

他的回答是：

1.他是一個不懂得規劃的人。

2.他是一個邏輯很奇怪的人。
3.他是一個不懂得生活的人。
4.他是一個工作狂，生活很忙碌的人。
5.他是一個不穩定的人。

所以根據這五個推斷，證明了一個人單身，跟需不需要上班，應該沒有直接因果關係。

「我的人生到目前爲止，有一點領悟，那就是上班是必須的，所以不管怎樣都要上班；旅行也是必須的，不管怎樣也要旅行。」

對他而言，上班、旅行都是必須的，不管怎樣也要繼續上班、繼續旅行。但絕對並不是因爲需要上班、旅行，那麼才單身。所以單身的原因，到底跟什麼有關？

「對你而言，上班、旅行都是必須的，但結婚不是必須的，沒有一定要結婚，所以才單身。不正是這樣嗎？」我說。

很多人對上班的想法跟他一樣，認為上班是必須的。必須的原因，他們可能會說是為了薪水、打發時間，或是社會期待等等。

同樣地，他們也會說結婚是必須的，必須的原因，他們可能會說是為了傳宗接代，或是社會期待等等。

但是如果問同樣這批覺得非結婚不可的人，旅行是不是必須的?他們很可能會說不是。也就是說，這個想法並不尋常，不是所謂的「常識」。

「所以請告訴我，旅行給了你什麼，是婚姻不能給你的，讓旅行對你來說變成必須的？」我問他。

旅行是他很喜歡的事，他很快就想到了起碼八個旅行的好處：

1.這是個能了解自己的極限在哪裡的機會（對生活、對冒險、對感受）。

2.可以聽到更多故事；認識更多志同道合以及不同國家的人。

3.不用在乎社會的聲音，只需要前往屬於自己的風景，也只需要享受即可。

4.跳脫原本的生活模式。
5.沒有壓力，說穿了可以盡情地放縱，做自己想做的事情。
6.可以體驗到不同國家的文化。
7.讓心靈更加富裕、知足。
8.讓我有一個屬於自己的空間，盡情闖蕩。

至於旅行能給，婚姻卻不能給的，至少也有四個：
1.自由自在地說走就走。
2.自我實踐。
3.用自己想要的方式生活。
4.獨立的空間。

至於「我必須要有」的，則有三個：

1.自由。

2.追尋自己想要的夢想（痛快地躺在死海裡；到馬丘比丘山頂等等）。

3.探索世界。

「但我必須承認，在回答的過程中，我覺得很煎熬，會重複問自己眞的嗎？爲什麼不可以先找另一半再一起去探索世界呢？於是我了解到一件小小事情——就是一個自己的空間，對我來說才是最重要的。」

思考眞是一件奇妙的事。很多直覺上先跳到腦海裡的事物，仔細分析起來，不見得是最重要的，但要花很多時間才能想到的，反而比較重要。所以洋洋灑灑說了那麼多，其實眞正重要的只有最後一句：「我要的是自己的空間。」

「你找到自己的答案：旅行給了你自己的空間，這是婚姻不能給的，自己的空間對於你是必須的。」我繼續問他，「但旅行的時候，是『旅行』給了你自己的空間，還是『你』給了自己空間呢？」

「是旅行給了我機會，擁有更多的空間。」他說。

「但是旅行的機會，是誰決定的呢？」我鼓勵他再想深一層。

「是自己。」

「所以說，是自己給自己機會，擁有更多的空間。」

他點頭同意。「我自己給自己機會去旅行，給了我自己的空間，這對於我是必須的。」

「既然『自己』才是決定擁有『自己的空間』的條件，而不是『旅行』，那麼爲什麼不可以是『工作』或『婚姻』呢？」我接著問。

我之所以會這麼問，是因爲很多人並沒有想過，當他們在說「我藉著給自己旅行，給了我自己的空間，這對於我是必須的」這句話時，跟許多人說這兩句話時其實是一樣的：

我藉著給自己工作，給了我自己發展才能的空間，這對於我是必須的。

我藉著給自己婚姻，給了我自己生命擴大的空間，這對於我是必須的。

「一開始，我說『旅行』跟『單身』中間並沒有因果關係，中間漏掉一個很重要的東西。那個東西你現在找到了，叫做『自己』。」

原本以爲是旅行選擇了他，單身選擇了他，但實際上無論是旅行與否或是結婚與否，都是同一個人決定的，那個人就是「自己」。

既然「自己的空間」就是不可或缺的生命元素，不可能因爲選擇旅行才會有自己的空間，選擇婚姻就不會有自己的空間。**真實的「自己」只有一個，這個自己是不會因為外在狀態（旅行或是結婚）而改變的**。

害怕失去自己的空間，以至於不敢結婚的人，其實只是頭腦不清楚罷了。

「對的人」應該長什麼樣子？

「你相信對的人存在嗎？」我問阿亞。

「當然。」

「這個特定的人需要符合什麼特定的標準？」

於是阿亞給了我三個他心目中理想對象的標準：

1. 要聰明。
2. 要優雅。
3. 要美麗。

「哇，這個人聽起來眞是完美。」我說，「要找到這樣的人不容易吧！」

於是我問他，如果這三個條件不能完全符合的話，有沒有其中哪一個是他願意「犧牲」的。

阿亞想了很久以後說，那「美麗」可以不要，只要「普通、正常」就可以了。但我們都知道，每個人對於「正常」的標準都不同。

實際上，阿亞的每個條件都是主觀的，沒有一項是客觀、量化的標準。對於他這個浪漫主義者來說，「笨」但是「美麗」的女人，搞不好在美國總統川普眼中，根本「太醜」，又「太聰明」。

白雪公主真的愛白馬王子嗎？

我提出一個假設，請阿亞判斷一下這個狀況。

白雪公主對白馬王子說：「如果你給我十克拉的大鑽戒，我就愛你一輩子。」

「你覺得白雪公主眞的愛白馬王子嗎？」我問。

「嗯，不能說沒有這個可能性。」

「但你覺得白馬王子會相信白雪公主是眞心愛他嗎？」

「不相信。」阿亞回答。

「白馬王子會覺得白雪公主是什麼樣的人？」

「一個貪婪的女人。」

「白雪公主認爲大鑽戒是眞愛的條件，你如果是白馬王子，卻會覺得白雪公主貪心。那反過來看白馬王子認爲愛的條件是什麼？」

阿亞想了很久，「愛哪有什麼條件？愛就是愛啊！」

於是我提醒阿亞，作爲白馬王子，他剛才提出白雪公主的三個標準，聰明、優雅、美麗，跟白雪公主要的十克拉的大鑽戒，其實是沒什麼兩樣的。

「如果你告訴白雪公主，她因爲符合你早就預設好的三個條件，所以她是那個『對的人』，你覺得白雪公主會相信你愛她嗎？」

阿亞沉默了。他從來沒有想過，在愛情裡，他是一個貪婪的人，因爲貪婪，所以才無法遇到對的人。

貪婪的人有一個特性，就是總是想要得到「更多」，所以永遠得不到所有他們想要的東西。當一個符合聰明、優雅、美麗條件的人出現時，貪婪的人會想到善良也很重要，家世背景不能太差，要求語言能力有一定的程度不算過分吧？當然還要喜歡小孩，有耐性，不然白雪公主以後怎麼當媽媽？牙齒不能歪也是最基本的吧！結婚典禮上新娘戴牙套，大鋼牙的怎麼見人？噢，孝順另一半的爸媽，那是一定要的啊。會下廚做飯，對喔，這也需要，難道婚後每天每餐都上館子嗎？嗯……有抽菸的習慣？這得好好考慮。對了，白雪公主家族是不是有什麼遺傳疾病，不然皮膚怎麼那麼白？聽說皮膚太白的人免疫系統比較差，容易生病……

因爲貪婪，所以這個理想清單，一定會無限增長。

在愛情裡貪得無厭的人，永遠不會遇到「對的人」。

我知道阿亞已經得到了他想要知道的答案。

因為貪婪，所以愛情不夠好

我們都聽過「愛是無條件的」這種說法，實際上是很有道理的，因爲有條件的浪漫，應該叫做「做生意」才對，不叫愛情。

著名物理學家愛因斯坦（Albert Einstein）說過一段很有意思的話：

「三大力量支配這個世界：愚蠢、恐懼、貪婪。」（Three great forces rule the world: stupidity, fear and greed.）

「貪婪」這股力量，支配了阿亞的愛情觀。

「你有沒有想過，世界上同時符合這三個條件的人，眞的存在嗎？」我問阿亞。

「有可能存在，因爲世界上很多人啊。」

「我同意，我就恰巧認識一個。」我笑著說，「這個人跟你個性相符，價值觀一樣，又超愛你的，你覺得是誰？」

「我目前認識的人嗎？幾乎很少有滿足三個條件的。」阿亞滿腹狐疑地說。

「難道你自己沒有滿足這三個條件嗎？」

「那我應該是完全相符吧！」

「你有沒有想過你要找的那個人，根本就是你自己？」我說，「這世界上有沒有另外一個人，比你自己更符合你想要的這三個條件？」

我想提醒阿亞的是，**當真愛的條件是個性要和自己一樣，價值觀也跟自己一樣，又深深愛著自己的人時，除了「自己」，不會有別人**。所以當一個人用這樣的標準來尋找愛情的時候，是絕對找不到一個「別人」的。

「我本來以爲是自己不夠好，卻突然看清自己是個貪婪的人，而且我眞正愛的是自己，一時間很難接受。但根據我們討論的結果，我知道你說得對。所以接下來我該怎麼辦呢？」阿亞問。

其實不能怎麼辦，我說。當下次再遇到一個「美中不足」的人時，要能夠清楚地觀察自己的思考，是真的對方不夠好，還是又犯了貪婪的老毛病。

「只要能夠抽身檢視自己的想法，『我是一個貪婪的人。貪婪的人當然會這麼想。』這樣就是個很好的起點了。」我說。

「可是如果不貪婪的話，不就任何人都可以是對的人了嗎？」阿亞顯得有些憂心忡忡。

「不，你說的那叫做『神愛世人』。按照邏輯上來說，愛所有人表示世界上沒有錯的人，無論男女老少每個人都是『對的人』，所以『神』完全沒有愛因斯坦說的貪婪毛病，但貪心的你，應該沒有那麼博愛。」

我們都笑了。

世界上每一個渴望愛的人，如果能夠停止「貪婪」，丟掉條件、標準、對十克拉大鑽戒的嚮往，提醒自己：

「其實，我的愛情眞的夠好。」

意識到任何人都有「可能」就是那個對的人，每個片刻、每個角落，都充滿著可能性。

就像一九七〇年代的民歌搖滾歌手史蒂芬・斯蒂爾斯Stephen Stills唱的「如果你沒有辦法跟你愛的那個人在一起，那就愛跟你在一起的那個人吧！」（If you can't be with the one you love, love the one you're with.）

已經擁有的愛情，丟掉貪婪以後，也會變得浪漫。

因爲，在沒有王子與公主童話的眞實世界裡，我們的愛情眞的夠好。

思考 MEMO

抓住否定自己的原因

有沒有哪一項敘述符合你的情況呢？
若有的話，是哪幾項？

- ☐ 是不是心底深處覺得世界上還會有一個人，比現在身邊的人更好？
- ☐ 為「對的人」設下很多條件，但是對條件符合的人卻「沒感覺」？
- ☐ 雖然知道那不是愛，卻無法丟掉條件、標準，以及對十克拉大鑽戒的嚮往。
- ☐ 你不會想要跟這樣的自己結婚。
- ☐ 你渴望的愛，是「被愛」，而不是「付出愛」。

08

覺得
工作不夠好

如果你覺得工作不夠好，

那麼請找出你下輩子仍想做的

工作是什麼？

曾經有一次接受雜誌採訪時，記者問我，對於許多「沒錢」又「沒閒」的上班族來說，旅行是件奢侈的享受，但我卻一邊工作一邊享受旅遊，是怎麼做到的？

我想了一下，發現自從我開始尋求透過工作達成財務獨立開始，「一個可以旅行的工作」就一直是我找工作的必備條件，壓根兒從來沒有想過要在「工作」跟「喜歡做的事情」當中取捨。

正如一個知道自己的健康有醫療需求的人，一定不會只在乎工作內容本身，也會特別在乎工作上是否有完善的醫療保險。旅行之於我，就是這樣的「保險」，所以一直是接受工作的前提條件，而不是附帶條件。

因爲如此，所以無論我過去在科技產業，還是後來轉入ＮＧＯ領域，都會特別注重旅行跟長期休假的要求。實際上，我知道每一個行業、每一份專業都有需要出差或去旅行的時候，無論是教師還是會計，醫療人員還是傳統製造產業，工程師還是政府公務人員，都有可以工作與旅行結合的職位。

因爲我喜歡旅行，所以我只做「可以旅行」的工作。因此從來不會用「旅行」來換「工作」。

可以一面工作、一面旅行，一定很好嗎？別忘了，很多人是不喜歡旅行的，覺得因爲工作必須出差旅行，奪走跟家人相處的有限時間，才是最大的犧牲。所以在面對工作的選擇時，必須要誠實地面對自己。

如果認爲工作是一種犧牲的話，無論做任何工作都不會快樂吧？

「工作」不能用喜歡的事來換

如果你已經開始工作了，你喜歡你的工作嗎？

如果還沒有開始工作，你有預感會喜歡你未來的工作嗎？

我們時常羨慕別人的「好工作」，但對我來說，這是本末倒置的。**真的値得羨慕的，是喜歡自己工作的人，但這些人的工作内容，往往並不讓我們羨慕**。

比如我有一位中學時代的同班同學，叫做朱偉仁，他自從大學畢業之後，就一直在經營安養機構，對於一個年輕人來說，這無疑是一個奇特的選擇。我之所以知道，是因爲他收購的第一間安養機構，正是將我帶大的外婆，度過生命最後一段歲月，座落在台北市東區巷弄中的私立安養院。

我不知道你有沒有走進過安養機構，但我曾經在那裡花上好幾年的時間，直到外婆去世爲止。我可以告訴你，那是一個非常奇妙的空間，介於生與死之間，平靜與悲傷之間，在記得與被遺忘之間，在外面的人不想進去，進去的人卻都無法出來。

我時常有一個疑惑：爲什麼旅行時我們有旅遊指南，網路上有無數的遊記、食記、購物指南、省錢絕招，但人生卻沒有這樣的一本旅遊指南，告訴我們關於這個空間的事呢？

每次進入這個空間都讓我覺得很不自在。一開始我以爲是因爲距離死亡如此近，無法將視線移開，但慢慢地我意識到，是安養院的空間讓我覺得不自在。

首先是味道。只要一走進這個空間，一天二十四小時，首先撲鼻的就是濃濃的刺鼻消毒水味，提醒我這不是一個「生活」空間。因爲生活的空間不會有這樣的味道，在眞實生活中，只有醫院和公共廁所會充斥這樣的味道，我無法想像在醫院或是公廁長期生活，然而安養中心又確確實實是這樣的生活空間，所以我的腦子就混亂了。

然後是視覺。我記得很清楚，那一堵分隔外婆升降床和照護人員起居室之間的牆。牆上有一片透明的大玻璃，窗戶兩邊的人，每一個人生活的分分秒秒都是透明的，甚至是來訪的我，也可以看見每個人的一舉一動，而我也被其他人看見。在這樣的照護空間裡，無論任何角色，都要拋棄全部的隱私，毫無隱私地活著，讓我開始懷疑在嚴密監視下活著，是否比埋在土地下的死亡更有尊嚴。

雖然我這位中學同學的角色不是設計師，而是經營者，但是從他接手的那一刻開始，每次他走進照護空間，就在腦海裡想著：

「門口這裡可以放一盞香氛蠟燭，減少刺鼻的消毒水味。」

「那裡的窗戶白天可以打開，讓光線進來，即使臥床，也看得到日夜有明顯區別。」

「這個角落如果有一盆植栽，換尿布的時候就不會正對著隨時可能打開的門。」

他認真想像著如果臥床的是自己，希望過著怎樣的生活，而且透過這份工作，變成現實。

人來到這個世界上，這一生就是一場大旅行，只是我們常常忘了，每一天都應該是一場小旅行。大旅行能夠精采的人，是因爲每一天的小旅行也都知道如何活得精采動人。可是「人生」的這本「旅遊指南」，寫得還眞有點虎頭蛇尾，市面上最多的是育嬰指南，接著是親子叢書，然後是如何成爲人生勝利組的攻略本，可是再來呢？有誰告訴我們該如何過一個美好的老後？家屬如何跟需要長期照顧的家人走完生命最後一段或長或短的路？爲什麼在這場開高走低的人生旅途上，家屬對於照顧自己的家人每天該怎麼吃、怎麼穿、怎麼住、怎麼跟社工和看護相處，照顧者怎麼面對自己快速消耗的體力跟腦力，還有逐漸升高的壓力，卻都是必須在黑暗中摸索的漫長煎熬？

選擇經營這樣的非日常空間，也影響了我這位高中同學自己的生命。他選擇去念研究所的老人保健組，也變成一個推動政府長照政策公布實施的積極倡議者，推動所謂「減法照護」「自立支援」，鼓勵無論在家裡或是在機構，都不剝奪每個人可以自理的能力，在安全的環境下，過著有隱私的生活。他甚至寫了一本給家庭照護者的書，叫做《不需要一個人獨自承擔：愛長照寫給照顧者的照護專書》，他給我讀還沒有出版的原稿時，一面讀著，一面有種奇妙的感受，我的高中同學，變成了一個人生「旅遊指南」後半段指南書的作者。

他這份工作，肯定很辛苦，壓力很大，三十幾歲時甚至還因爲過勞而中風倒下，但透過這份工作，他走進長期照護的空間現場，爲這個長期以來被當作受苦的不祥空間帶進生命的溫度。就像在旅途中，我們遇到的善意陌生人，讓我們的旅行，因爲人的溫度，而變得美好、難以忘懷。

他從來沒有想過要轉行。

每次同學會的時候，我們都羨慕他，因爲他有一份自己喜歡的工作。

或許我們之中，沒有人想要他這份工作，但沒有人能說，這不是一份好工作。在我這位同學身上，也再次證實，只要是眞心喜歡的工作，當然就是好工作，跟別人的觀感無關。

如何準備，讓自己變成一個喜歡工作的人？

如果真心想要變成一個可以自由自在追求自己喜歡工作的人，而不是掛心自己做的是不是一份讓人羨慕的工作，那麼**「思考訓練」跟「終身學習」，就是兩個最重要的好習慣**。

「終身學習」的觀念比較容易理解，也有越來越多人有意識地養成學習習慣，所以我想特別強調「思考訓練」這件事。

很多人出社會之後只把名利的獲取當成唯一值得追求的目標，但真的有名有利之後，卻變成一個自己不喜歡的人，並且極度不快樂，到那個時候就已經來不及了。

遇到困難的選擇時，知道自己應該要怎麼想，而不是隨便地聽取長輩、成功人士或是名人的建議，就有辦法在無論多麼困難的時候，都能夠順利地把自己帶出迷霧。所以知道該怎麼思考，對於從小學校就沒有提供哲學教育，長輩也不鼓勵孩子自由思考的亞洲人來說，意識到自己欠缺思考能力的訓練，尤其重要。

我對自己的思考訓練，可以說是從學生時代當背包客旅行的時候開始的。

在旅途中，我不斷觀察那些來自世界各地、年紀較大的背包客跟旅行者，他們有什麼共同的特質，然後我得到一個結論：只有充滿自信、喜歡自己的人，才有可能在一定年紀以後，放下工作、放下身段、放下生活的習慣，離開舒適圈去旅行。至於一個對生活焦慮、不喜歡自己，或是沒有習慣學習新事物的人，是不會去旅行的。

這些條件之中，又以「喜歡自己」最重要。如果一個人爲了自以爲無法選擇的生活現實，做了十幾、二十幾年違背自己個性、愛好的工作，慢慢失去熱情跟夢想，變成一個自己面對鏡子時，看了就討厭的人，這樣的人就算有錢有閒，也不會去自我追尋。所以當我將近三十歲的時候，發現自己的願望就是好好掙錢、存錢，四十歲的時候可以退休做自己想做的事時，意識到這不但不是好事，而且是一個很大的人生警訊！就像我的法國哲學老師奧斯卡・柏尼菲告訴我的：

「一份你眞正想要做的事，你一定會想要一直做下去，不會想要停止，如果有下輩子的話，你會希望下輩子也一直做這件事，不會去想到退休。」

所以我把想要四十歲趁還年輕時退休的願望，當作職涯的警訊，提醒我自己趕快轉換人生跑道。

我問自己：原本打算四十歲要開始去做的事情是什麼？

我聽到內心的答案是，我想要在NGO組織發揮貢獻。於是我從三十歲開始做這件事，在到四十歲之前的這十年之間，擔任一個組織內部的全職工作者，累積充分的經驗。

四十歲開始，並不是傳統觀念的退休，而是轉變成以外聘的專家角色，每一年在四個不同的國家、四個不同的組織、四個不同的領域，擔任四個發展NGO計畫的顧問，讓我透過不同的工作實現「終身學習」的目標。也因爲不在任何一個機構全職工作，因此讓我有更多餘裕去規劃在NGO領域以外，自己有熱情想要追求的事物。

來自工作的獎賞

一位擔任中階主管的好朋友，提到自己的工作倦怠感，因爲他認爲自己是個時時想要在工作中創新的人，偏偏在官僚體系中工作，時常想創新卻無法被接受，好像台語諺語「有功無賞、打破要賠」這句話的寫照，對工作因此產生挫折感。

「如果要鼓勵創新，應該是『有功有賞，打破免賠』來鼓勵員工創新、進步吧？最起碼，也要做到『有功有賞、打破要賠』，這才符合賞罰分明原則，不是嗎？」我這位朋友說。

但是我們搞不好工作了很多年，卻還不知道工作中眞正的「賞」是什麼？

「賠」又是什麼？

很多人站在管理的角度，以爲最明顯的「賞」和「賠」就是反映在資源上，「賞」就是增加部門的資源、人力；「賠」就是凍結或刪減資源、人力。

很多人站在個人的角度，認爲獎賞就是加薪、升官，自己的想法得到採用，只要沒有得到這些，就是受到懲罰。

但是**作為一個員工，不能忘記「賞」的基本型態，其實不是資源和人力，而是薪水，所以任何一個公司員工，只要有領薪水的，就是有「賞」**。

在那一句台語諺語中，不管有沒有功，打破重則要賠，輕則免賠。但換位思考一下，作爲一個主管，如果有一個什麼制度都想打破的下屬，而且不論結果成敗都必須發薪水，也就是要給「賞」，你會喜歡下屬時常「打破」嗎？

作爲一個主管，應該知道下屬因爲希望創新而犯錯是常見的事，所以一個好的主管，知道創新的成敗結果往往是不可預期的，只要是在「可損失的範圍內」，就不需要下屬「賠」，所以會在可損失的範圍內，提供嘗試的機會，提供協助，如果還是「打破」，就一起找出原因，設法改善。但是作爲一個下屬，我們卻常常輕易地說上司沒guts，不夠勇敢，不夠有擔當。

更何況，職場當中，確實也有很多「打破有賞」的例子。因爲舉凡任何「創新」，都是「打破」的過程。成功的創新，就是成功的打破。舉凡Airbnb打破傳統旅館住宿的制度，Uber打破傳統計程車的制度，不都是「打破有賞」的明顯例子嗎？

所以如果用新視角來看待我們工作中時常抱怨的「賠」，其實只是「賞」得比較少而已。

就算沒有領薪水的志工，也會因爲其他無形的報償，得到比如滿足感、尊重等等，而繼續留下來。雖然沒有得到任何額外的資源跟人力，只要「賞」不是呈現負值，這個員工或是志工，就會繼續做下去。

至於「賠」，以我一個在大型醫院擔任會計出納的朋友爲例，雖然他們的薪水是固定的，但每天結帳的時候，如果帳目有任何短缺，短缺的數字必須個人掏腰包來「賠」。我這位朋友，有次在一天之內，幾乎賠了整個月的薪水。

即使那一個月等於拿不到薪水，但考慮到未來（下一個月、下一年、甚至退休金）的「賞」仍然是正數，所以直到現在，我這位朋友選擇繼續留在這份工作崗位上。這個決定並不荒唐，實際上，在我眼中是非常理性的。

實際生活中，「賞」的終極價值要達到零，或是負數，其實相當困難。

至於在工作場域中的「賠」，通常比較類似冰雪聰明的人常說的「相對剝奪感」，是跟極大值的「賞」相較，顯出不同程度的「少」（比如房屋仲介的業績獎金）。但只要沒有「賠」掉工作，薪水不是負數，「賠」都只是比較少的「賞」。

我這位朋友謝謝我的提醒，原來薪水本身就已是酬賞。

「這讓我重新想起自己進入這家公司的初衷，是爲了幫助老闆做一些長期以來無法說服其他人突破的事情，所以我的提案被抗拒，本來就是自然的事。」朋友說，「也許我不應該期待事情會在提案後一呼百應，而是要想方設法說服、採取行動。此外，對於其他可能被我影響到的人，也許必須先理解他們的憂慮與恐懼，而不是一味從我自己的角度去想辦法『打破』規則創新，因爲『規則可能也曾經是創新』。」

情緒勞動的負擔往往會多過實際運作所需要的力氣，但說不定，這才是眞正的創新：**與規則共舞，在進退之間，找出互動之道。重新看懂並整理組織裡的每個環節，找出自己被卡住的原因，也找出別人卡住我的理由。**視角改變，認爲工作不夠好的問題，往往就解決了一大半。

時時創新，並不見得比較好

我們在工作中，往往以爲創新是好的，守舊是壞的，但事實上，當上級提出創新的時候，我們卻往往是第一個抗拒改變的人，認爲原本的制度比較好。

其實，我們都只認爲自己提出的創新是好的，別人提出來的創新往往不是找麻煩，就是死胡同。

但從上到下因爲每個人都是這樣想的，所以一定不可能是客觀的事實。別忘記任何「創新」，都是「打破」，所以跑到別人家，樣樣都打破，還期待對方開心，是不理性的。

無論成功或是失敗的「創新」，本質上都是「打破」的話，那麼拒絕打破、拒絕創新的官僚，不才是最理性的嗎？

身爲官僚制度中的長官，躲避下屬「時時想要在工作中創新」的需求，就是用理性在減少「打破」的頻率跟「賠」的風險，避免本來完整可用的東西，有事沒事就被「打破」。

大破有時候會大立，但有沒有想過，萬一沒有大立的時候，破了的東西就再也不能用了，制度變得無法運作，那誰來負責呢？上司需要承擔的風險是很大的。

所以請記得，每次你想要「創新」的時候，就是在要求你的主管背負打破的風險。你身爲主管，也會評估盡量在「可損失的範圍內」，以及不需要下屬「賠」的狀況下做。同樣地，你的主管也只是跟你一樣，在「可損失的範圍內」，即使破了也不需要你「賠」的安全範圍內讓你去「打破」，不代表他反對創新。

英國國家廣播公司（ＢＢＣ）有位製作人，最近來台灣參訪，被台灣記者私下問到如何在這個將近百年老牌的保守官僚體制中創新時，他的回答是：

「官僚體制哪裡都有，可是實驗往往是很小的規模，就算失敗，損失也不大，不會因此被懲罰。」

ＢＢＣ作爲一個官僚體制保守且僵化的公共媒體，他們的新聞人之所以仍持續創新，其實並不是ＢＢＣ心臟特別強，體制中有不斷革命創新的ＤＮＡ，僅僅是理性地做好「風險管理」而已。

ＢＢＣ偶爾讓新聞人在即使破了也不用「賠」的可損失範圍內去嘗試「打破」，偶爾打破，每次只打破一點點，才能讓最多數人可以無論有功無功，通通有賞，而且打破免賠——這就是官僚的正面價值。

只要你的主管夠理性，就不可能、也不應該會支持你「時時打破，樣樣打破」，這是爲什麼無法「時時創新、樣樣創新」背後的理性思考。

認為自己工作不夠好的解套方法，其實不是拘泥於「賞、罰」之間，而是找到「非做不可，不做會死」的那件事！不但如此，最好還是「這輩子做不夠，下輩子還想繼續做」的事。

就像我聽到尊敬的老朋友齊柏林在勘景的過程中失事喪生，雖然心中很遺憾，但是我的心裡也很清楚，我沒有爲齊柏林悲傷的權利。因爲他一直爲自己的信念而活，如果有下輩子，我相信他還是會做一樣的事情。

因爲如此，能夠工作的每一天，都是充滿獎賞的。

喜歡的工作一定要出國嗎？

有許多人對於「出國工作」充滿了憧憬，但是喜歡的工作，一定要出國做嗎？

我看到許多拿著打工度假簽證在外國工作一段時間的年輕人，之所以讓他們覺得這段工作假期的經驗畢生難忘，著迷的並不見得是在農場、餐廳、包裝廠的工作內容，因爲在自己的家鄉，當然也能找到同樣的工作，但是藉著在國外工作的機會，他們看到了另一種「活著」的可能性。

出國是踏出舒適圈的具體表現，可以幫助我們學習用不同的視角來看待日常的事物，比如思考人究竟應該爲了工作跟收入而活，還是爲了要能在工作之外過好生活才工作。這點從台灣每年出國人數的增長，就可以看出，其實這些年輕人很清楚出國不是爲了工作本身，而是給自己換位思考的機會，這就是我說的「思考訓練」。

除了「思考訓練」的目的以外，若是爲了工作內容本身而出國，我會強調出國去學習在台灣學不到、但非常渴望擁有的知識或技能。

比如說我選擇離開台灣，在美國學習的是封閉型社區的發展，選擇進入國際ＮＧＯ組織，選擇到戰亂頻仍的發展中國家工作，就是透過在海外工作的自我學習。還有這幾年，我開始利用自己的時間到法國哲學踐行學院學習哲學諮商，或是幫助學院到海外推廣兒童哲學，除了幫助我自己學會面對工作上遇到的瓶頸，也因此增加了全新的技能。這都是透過走出日常生活，自我學習的具體實現，去學習我在台灣學習不到的事物。

爲了學習，我會樂意以不支薪酬的志工顧問身分，換取到全世界最貧窮的十個國家中的馬拉威的機會，爲一個美國國際開發署（ＵＳＡＩＤ）跟民間企業合作的ＰＰＰ（Project-Based Personnel Exchange Program，以計畫爲基礎之人員交流計畫）計畫進行影響力評估。雖然這樣的工作，沒有辦法幫助我增加收入，卻可以幫助我無論是在專業上還是生活上，得到更多體驗，取得更多視角，所以對我來說是非常值得的。

思考 MEMO

抓住否定自己的原因

有沒有哪一項敘述符合你的情況呢？
若有的話，是哪幾項？

- ☐ 與其選擇自己喜歡的工作，你總會選擇薪水比較高的工作。
- ☐ 每工作一段時間後，想換工作、換跑道的原因都一樣。
- ☐ 認為在「工作」「喜歡做的事情」只能選擇一項。
- ☐ 對於生活感到焦慮、不喜歡現在的自己，卻又不去學習新事物。

其實工作真的夠好

漢娜．鄂蘭（Hannah Arendt）在《人的條件》（The Human Condition）裡，從現象學式（phenomenology）分析對人的條件而言根本的三種活動：

1.勞動：人跟動物一樣，都是生物性的生命，勞動的目的可以滿足我們最小限的生存需求，得到溫飽這樣的結果，也是動物性的。

2.工作：人有別於動物，高一階層的活動。工作只存在這個人類建立的人造世界，一個讓人與人能夠互動、界定自我身分的世界。

3.行動：這是人類唯一有意義的不朽。所謂不朽，不是永生，也不是脫離現世生活，而是開創一個足以影響後世的事件，只要世界不滅亡，後代存在，便能不斷傳頌下去，於是個人生命就不朽了。

確實，我說過喜歡的工作，才是好工作，但已經超越「勞動」跟「工作」的層次，進入了最高的「行動」層次。

別忘了，「工作」裡面，包含了比較低層次的「勞動」，但並不需要包含更高層次的「行動」，否則就是一種貪婪的表現。

並不是只有能夠實現眞正喜歡的「行動」的「工作」才算夠好。

能夠「勞動」養活自己的身體，能夠「工作」在人類社會中找到自己的位置，就完成漢娜・鄂蘭「人的條件」三項中的兩項，這樣的自己，當然就很不錯了。

薪水就是勞動最具體的獎賞。透過勞動，能夠得到一份足夠的薪水，讓人可以經濟自主。**如果在這有獎賞的勞動當中，還能夠跟人互動，實現自己在人造社會中，扮演一個或許微小但必要的螺絲釘的功能，當然就已經是一份「夠好」的工作。**

在承認工作已經「夠好」的前提下，我還希望什麼？

比如說，我希望自己不需要在金錢收入上過度算計，讓我有餘裕可以一直繼續保持學習，甚至希望我的行動，對世界帶來正面的價值。

這些都很好，但是我會提醒自己，那已經在最高的「行動」層次，超越了動物「勞動」跟人類「工作」的要求。

除非這份工作，讓我沒有辦法維持生物性的溫飽，沒有辦法跟人互動，或沒有辦法扮演一個人類社會上的角色，那我就有著不喜歡工作的充分理由。

如果我的工作，可以達成這些標準，只是沒有辦法創造出不朽的行動，我就不會否認，其實我有一份夠好的工作。這樣想清楚後，緊繃著的肩膀，或許就能放鬆不少。

思考 MEMO

找到肯定自己的方法

以下這幾項觀念是否能幫你重拾信心？
若有的話，是哪幾項？

- ☐ 只要是真心喜歡的工作，當然就是好工作，跟別人的觀感無關。
- ☐ 認為自己工作不夠好的解套方法，其實不是拘泥於「賞、罰」之間，而是找到「非做不可，不做會死」的那件事！
- ☐ 在工作中時常抱怨的 「賠」，其實只是「賞」得比較少而已。
- ☐ 人世間沒有一份工作，可以滿足我們對人生的所有美好想像。

09

覺得社會有問題

如果你覺得社會有問題，

有一隻看不見的手，

叫做「同情」，你發現了嗎？

這個社會變了嗎？

「這個社會，怎麼會變成這樣？」似乎每一次發生重大社會事件，看到有人因爲網路霸凌而自殺、校園槍擊事件，或是狠心的父母虐待幼兒致死的新聞時，我們就會充滿感嘆地問這個問題。

不少上了年紀的人，甚至還會補上一句：「以前我們小時候，都不會這樣。」

我記得非常清楚，當川普確認當選美國總統的時候，我身邊支持民主黨的人們紛紛用不可思議的口氣說：

「美國怎麼會變成這樣？」

但是年紀比我們大上好一截的老朋友，也是波士頓大學的教授賴瑞，則雲淡風輕地提醒：

「美國當然沒有變。選舉前跟選舉後，美國境內都是同樣這些人組成的，你怎麼會說美國變了呢？」

這個說法，對我來說有如當頭棒喝。

任何社會當然都有社會的問題。但覺得世界突然從好變得不好，人心不古，世風日下，卻無法置信。以前的社會眞的不曾發生問題，還是因爲以前的你太無知，渾然不覺？支持脫歐的老一輩英國人，一心想著回到過去的英國，由白人每天送報紙送牛奶到家門口的美好時光，但是把外來人通通趕走，孤立於國際社會的英國，就會變成一個人間天堂嗎？

難道我們眞的不知道這個社會到底出了什麼問題嗎？

其實這個社會的問題，可能出在不會思考，所以犯這些錯的人，往往不知道為什麼不可以。

有一個可能，是因爲發生的事件距離自己的知識太遠，以至於變得難以判斷。

比如台灣大多數人，不知道納粹進行猶太人大屠殺這件事，跟「霧社事件」相比，到底哪個比較嚴重，如果新竹光復高中的學生在校慶扮裝遊行時，這些高中生扮演的是日本軍閥，我們就能夠立刻判斷這樣做恰不恰當。

另一種可能，是因爲社會發生的事件離自己時空太近，因此變得難以判斷。

前面新竹光復高中的例子，大多數台灣人不知道到底算不算嚴重，但如果這事件發生在德國，我們也會很容易快速做出判斷，譴責這些德國高中生的行爲。

與其說社會有問題，還不如說，我們根本不知道怎麼想社會的問題！

搞不好社會根本沒出問題

我一位在雜誌社擔任編輯的朋友，有天突然非常生氣地約我見面，原因是接到一通專欄作家打來的電話，這位作家說雜誌上近來有兩次報導支持同志的內容，讓他很不舒服。

「這社會到底怎麼了！我好生氣，快輔導我！」憤怒的編輯說。

我請編輯朋友先深呼吸一口氣，「想一想，爲什麼對方會覺得他不舒服，是你的責任？」

他想出三個可能的原因：

1.當然是因爲他看了我編輯的刊物，我決定使用的內容，而感到不舒服。

2.他可能覺得我是他「認識的人」，所以跟我表達他的不滿，比跟不認識的人抱怨，更可能會得到回應。

3.是我自己的問題，他可能跟誰都會表達這種意見，誰認眞了誰傻！

「在這三個原因中，你覺得最有可能的原因是哪一個？」

「應該是第一個。」

「你也覺得對於雜誌的內容，你有責任嗎？」

「當然有。」

「所以我們可以這麼說：不論他評論的內容，這位專欄作家是合情合理的人，並不瘋狂。」

這是個很簡單卻很重要的發現。很多時候，我們乍聽到很多論調時，會立刻暴怒，覺得社會變得瘋狂了，但先不論內容，說出讓我們抓狂的話的人，有可能是相當合理的人。

「身爲編輯，你認爲自己最重要的三項責任是什麼？」

「讓刊物有人願意閱讀、不要有錯字、還有準時出刊。」

我很訝異文章「內容」在編輯眼中，反而不是最重要的工作，甚至排不到前三名。當然，也可以說影響閱讀意願的，包括「視覺」跟「內容」，所以內容應該已經包含在「有人願意閱讀」裡，只是沒有一般人想像中那麼重要。

每個文字工作者都知道，現在很多媒體爲了有人願意閱讀、點閱率，無所不用其極，作爲編輯，採訪同志、採用支持同志的內容，不也是爲了有人願意閱讀嗎？所以只要有人願意閱讀，「內容」可以跟編輯個人的好惡無關，報導反同志的教會組織，或專訪反同志的名人，都會有人願意閱讀，不是嗎？

編輯陷入一陣沉默。冷靜以後他說：「我應該還是有底線，如果可以完全主導雜誌內容的話，不會願意放這樣的內容。」

「所以對你來說，光『有人願意閱讀』，並沒有那麼重要。那請告訴我，什麼是比『有人願意閱讀』更重要的呢？」

「這樣說來，應該是『我認爲需要被閱讀』的內容。」

但是這一點，編輯一開始並沒有列入他心目中前三項的職責中。所以我們時常以工作之名，向別人強迫灌輸自己的價值觀，自己卻不知道。社會的許多衝突，其實是這種自以爲是的正義感造成的。

如果我們去買鞋，可是遇到一個不在乎你願意買什麼鞋的售貨員，堅持一雙他自己認爲需要被穿的鞋，我們不會稱呼這個售貨員「充滿服務精神」，而會說這個售貨員自以爲是、白目，不會察言觀色。售貨員不應該因爲客人不願意買這雙他認爲該被穿的鞋而生氣。

顧客不喜歡的這雙鞋子，當然有可能是比較好的鞋子，但是對於售貨員的工作責任來說，應該是客人喜不喜歡比較重要。售貨員不會因爲賣出了一雙他個人不喜歡的鞋子，而覺得自己的靈魂被玷汙了。所以無論是我們不喜歡的言論或一雙我們不喜歡的鞋子，還是一篇我們不喜歡的文章，都不會改變社會，也不能拿來作爲這個社會病態的證據。

很多時候，我們覺得社會出問題，只是因為我們太想要推銷自己喜歡的觀點罷了。

社會其實沒有那麼黑暗

一個買鞋的客人，堅持穿了一雙會被大家嘲笑的鞋子出門，大家不會覺得是售貨員的責任，當然是這個人自己的責任，沒有人會嘲笑讓客人買不該穿的鞋子的售貨員。

所以，一個售貨員不需要賣客戶他自己認爲對方應該穿的鞋子。一個編輯也不需要強迫讀者接受他覺得應該要被讀的文章。

那還有需要爲了這個社會的病態而生氣嗎？

我們覺得生氣，時常不是因爲特定的個人，而是這個人代表的觀念。一個編輯不允許外稿有反同的想法，就像賣鞋的不准客戶穿有仿冒Hello Kitty的亮鑽拖鞋去貴婦百貨逛街。但是想一想，這個賣鞋子的售貨員如果在路上突然看到這個客戶，會覺得好笑到爆，還是會爲自己的失職覺得難過？

賣鞋的不准客戶不買好東西，說不定客戶根本配不上好東西呢？看到一個人自食惡果，被自己的想法懲罰，還覺得很好笑，那有什麼值得生氣、難過的？

我們時常因爲憤怒的情緒，而忘了讓我們抓狂的人，其實跟我們一樣，也是別人心目中合情合理的人。之所以會讓我們對另一個合情合理的人生氣的眞正原因，通常不是「人」本身，而是背後所代表的「想法」，像是對方的政治立場、宗教觀點等等。非常有可能，我們自己在對方眼中也是個「白目」。我們時常藉著身分之便，比如身爲一個家長、一個編輯、一個老師，向別人強迫灌輸自己的價值觀。

到頭來，我們會發現，社會從來就沒有像我們想像中那麼黑暗。

如果幸福是一杯咖啡

聯合國從二〇一二年開始發布世界快樂國家的排名報告，希望將各國快樂進行量化，藉此影響政府政策。評分標準包括人均國內生產總値、預期健康壽命、社會支持、人生抉擇自由度、社會貪汙問題及慷慨風氣等六項因素。在二〇一六年的排名當中，美國第十三，台灣第三十五，香港排七十五，中國大陸則是排八十三位。

聯合國發布二〇一六年《世界快樂報告》（World Happiness Report），丹麥在一百五十七個國家快樂排行榜上位居首位，成爲世界上最快樂的國家，第二名是瑞士，第三名竟然是這幾年來因爲銀行危機而大大影響國家經濟的冰島。

我一位在NGO工作的香港朋友，特地去了解冰島人爲什麼幸福和快樂，以及看懂人與自然的關係，回來之後我迫不及待地問她看到了什麼。

「冰島因爲有高度社會支持的生活環境，所以經濟衰退並不會影響到快樂排名，這給了我很大的啓示。」她說。

對於環境現實特別敏感的香港人來說，有錢才能快樂，甚至有很多人會說快樂就是有錢。但是每個冰島人，對於自己與自己的關係、自己與社會的關係、自己與自然的關係，有著很獨特的思考。

冰島人跟社會相處和諧，所以即使地廣人稀，每個人都住得很遠，但是卻又能夠感到他們跟人如此的親近溝通，互通聲息，互相幫助，跟自然的關係，也充滿了和諧，只會讓外人覺得什麼都沒有的鄉下，冰島人卻對這樣的生存自然環境充滿敬意。

自己跟自己相處得很好，所以價值觀不被物質與物欲牽引。雖然本地生產很少，大多仰賴進口，但人並沒有因此對物質產生貪婪與嚮往，或是像華人那樣，就算明明沒有生存危機，也已經習慣了時時要為了生存而焦慮。

對我來說，冰島人之所以可以脫離「有錢」「沒錢」的慣性思考，而能夠覺得快樂，是因為跟人際與自然之間，建立了非常良好的關係，所以對生活有安全感，安全感帶來快樂，這是一種眞正的富裕。

覺得「金融風暴以後，冰島好慘喔！」的人，其實反映的是自身對於金錢、人際、自然缺乏安全感，而不是冰島的現實。

同樣被世界誤解的另一個國家是荷蘭。

因爲荷蘭人總是各自付帳，甚至父母跟子女一起到酒館喝一杯啤酒，也會各付各的，因此這種付帳方式被稱爲go dutch，荷蘭人也被認爲是「小氣」的民族。但是跟荷蘭人工作了十五年以後，我非常確定並不是如此。

父親不幫兒女付飯錢，是因爲尊重這個已經自己開始掙錢的孩子，是一個獨立的生命，所以讓每個人無論貧富貴賤、男女老少，自己付自己該付的錢，是一種極度的尊重，因爲沒有人需要「幫」誰或是「同情」誰。但是當一個人眞的需要幫助的時候，荷蘭人是會毫不猶豫出手的。

「這是因爲我們荷蘭已經富裕了很多世代，所以才能這樣想！」我的荷蘭好友驕傲地告訴我。

事實上，如果觀察一個社會，都讓地位高的、有錢的、年紀長的人付帳買單，通常不是一個均富、階級平等的社會，也不會是一個快樂的社會。

我相信幸福感的核心是一種態度，來自對於人我、自然的和諧關係，幸福跟金錢，從來就只是一個咖啡跟奶精的關係，一杯好的咖啡，沒有奶精，仍然美味，但光有一整桶奶精，卻完全無法入口。

「保育人士」想的並不都一樣

我最近有幸協助一群英國BBC電視自然知性台（BBC Earth）的生態紀錄片部門一起工作，部門裡的人都是對於動物非常有愛的專家，我趁這個機會問他們對於「動物權」以及「動物福利」的看法。讓我驚訝的是，這群對於氣候變遷議題口徑一致的人，面對這個問題時，竟然有很不同的價值觀。

「你們對於動物園的存在贊成嗎？」

比如說負責大衛・艾登堡爵士節目三十年的資深製作人Mike Gunton明確表示他反對傳統圍欄式的動物園，因為無論如何設計，都無法給野生動物足夠的空間生息，而他相信「給予每個生物物種足夠的空間」是對待生物的基本原則。

但是另一位資深主持人Mike Dilger卻說他很喜歡圍欄式的動物園，因為動物園裡的動物基本上不是野生的，只要給予人道的待遇，讓無法親自接觸野生動物的孩子，從小培養「愛生、護生」的教育機會，是很珍貴的。

「那麼動物騎乘呢？」

當這兩位Mike都搖頭時，另外一位美國同事，卻眉飛色舞說起他到加勒比海的古拉索（Curaçao）島嶼騎鴕鳥的故事：

「這些巨大的公鴕鳥都被矇住眼睛，我們站在卡車後面，鴕鳥農場主人把看不見的鴕鳥趕到卡車後面，讓客人躍上鴕鳥背，鴕鳥就會開始奔跑，一趟收費三十美金，騎完還吃駝鳥漢堡……」

於是我們的話題立刻轉到已故的澳洲電視節目主持人史蒂夫・歐文，號稱「鱷魚獵人」（The Crocodile Hunter）的他生前經營澳洲動物園，身爲第二代的動物保育人士，但他總是非把自己的身體跟野生動物緊緊貼在一起不可，用身體去碰觸野生動物，無論是鱷魚還是毒蛇，最後也因此而喪生。

「我相信人類不應該靠近野生動物，更不應該碰觸牠們，身爲自然紀錄片拍攝者，我們堅持不介入，只保持遠距離觀察。」這一點，整個BBC團隊是有共識的。

這個討論，讓我清楚知道，即使是國際級的「保育人士」，對於動物權跟動物福利問題，信念也可能南轅北轍。

我認爲對於「放生」這個議題也是如此。**真正重要的不是要說服別人、或是被說服，而是知道為什麼自己會堅持這樣的信念，而別人為什麼會有另外一套非常不同的信念。**

所以，我的信念是什麼呢？

身為國際NGO工作者，知道自己是一個環境運動的堅定支持者，認識我的人都知道我對動物的愛，相信動物權，反對動物表演，反對魯莽愚昧的放生活動，反對動物騎乘，反對圈欄式的動物園。我加入鼓吹TNR的行列，隨時把「領養代替購買」掛在嘴上，只要有機會，我就會表達對於加拿大禁止寵物店販售寵物政策的敬意。我甚至寫了一本書叫做《愛．犬》，表達我對於萬物生命公平對待的信念。

這樣的信念，其實來自於少年時期我最愛的一本冷門書《列子》。這本書除了奠定日後我對於哲學與思考的愛，其中一個〈獻鳩放生〉的故事，也建立了我對動物生命的看法。

這個短短的故事在《列子‧說符》篇中是這樣說的：

邯鄲之民，以正月元旦獻鳩於簡子，簡子大悅，厚賞之。客問其故，簡子曰：「正旦放生，示有恩也。」客曰：「民知君之欲放之，故競而捕之，死者眾矣。君如欲生之，不若禁民勿捕。捕而放之，恩過不相補矣。」簡子曰：「然。」

翻譯成白話文，就是說每逢正月初一，邯鄲一帶的老百姓都要成群結隊去山野裡，捕捉許多斑鳩，送到趙簡子的府第上。趙簡子看著一籠籠活蹦亂跳的斑鳩，非常高興，命人取出金銀，厚厚賞賜給每一個獻斑鳩的人。

有個簡子家的食客，見了很奇怪，問簡子要這些斑鳩幹什麼。簡子回答說：「你難道不知道嗎？每一個小生命都是寶貴的啊！正月初一這天，我要放生，表示我對生靈的愛護。」

食客聽完，噗哧一聲笑了，說：「這就是愛護生靈的辦法嗎？老百姓知道您要放生，獻鳩能得到厚賞。大家都爭先恐後去捕捉斑鳩，下鐵夾的下鐵夾，用箭射的用箭射，活捉的固然不少，打死的也一定很多。您如果眞的可憐這些小生命，還不如下個通令，禁止捕捉斑鳩。不然的話，抓了又放，您的恩德還抵不上您的罪過哩！」簡子聽了，紅著臉點頭稱是。

我還記得當時，雖然幼稚的腦子裡覺得把「放生」與「行善」連在一起怪怪的，但是這個故事解開了我的疑問，當時心裡的暢快難以形容。

所以無論在哪一個城市生活、旅遊，無論時間長短，我都會加入在地的動物保護團體，或是擔任中途志工，國際領養的運送，或是每日早晚一起去固定地點餵食街貓、街狗，贊助飼料的費用，也長期用我有限的力量贊助流浪動物的絕育手術，或是術後照顧，即使我不需要自己擁有寵物，我也能夠用行動來支持我的信念。

少年時期閱讀印度聖雄甘地的一段話，至今我仍深信不疑：**「一個國家道德進步與偉大程度可用他們對待動物的方式衡量。」**

同時我也對這些得到照顧的動物充滿感謝，謝謝牠們讓我可以過著一個對於生命保持信念的人生，在ＮＧＯ的道路上繼續堅持向前。

因爲社會不會有無解的問題，只有不會面對問題的社會。

其實社會真的沒什麼問題

我有一個事事要求完美的朋友叫做Roy，常常因爲人與人之間的關係、社會的冷漠無情而感受到巨大的痛苦，大學也念到一半就休學了。工作一段時間以後，這個受苦的靈魂，決定重考，進了卡達，一個中東阿拉伯半島邊上的半島國家的學校繼續念書，但是幾個月前收假，準備從台灣飛回卡達上學途中，卻遇到了料想不到的困難。

爲了省錢，他買了不同的廉價航空分段機票從台灣出發，中間要在曼谷跟印度轉機，想說既然只是轉機，不用出境的話，應該不用辦簽證。

結果到了曼谷，海關跟他說：「因爲你買的是廉價航空，航空公司沒有跟機場有合約，必須要辦理落地簽，先出境再入境一次，才可以搭飛機去印度。」但是那時眼看只剩不到一個小時，飛機就要起飛了，Roy的身上沒有美金、也沒有台幣，更沒有泰銖，只有大概等值四千台幣的卡達貨幣，準備到卡達時搭車用……正在慶幸自己之前工作時有申請信用卡，現在終於派得上用場時，海關搖搖頭說辦落地簽證不接受信用卡刷卡，只能收現金，而且機場也沒有提款機可以領錢，當下腦袋一片空白。

接著開始發生一連串神奇的事。板著臉孔的移民官看著他非常可憐的樣子，竟然從自己口袋掏出兩千兩百元泰銖借給他辦落地簽證，說Roy回到卡達之後再匯錢還給他就好了，因此順利拿到了簽證。

辦完簽證後，只剩下二十分鐘飛機就要起飛了，Roy用跑百米的速度衝去一樓海關辦理出境，過安檢，再到三樓辦理入境一次，然後再跑到地下一樓趕到登機口時，只剩下十分鐘飛機就飛了。結果在氣喘吁吁排隊等著驗登機證的時候，正覺得謝天謝地可以順利登機時，地勤人員竟然說要在印度轉機，一定需要有印度簽證才行，結果就這樣被拒絕登機，眼睜睜地看著飛機離開。

唯一的辦法是隔天上飛機前，到曼谷的印度大使館去辦緊急簽證，但是這意味著他必須再入境泰國一次，問題是幾分鐘前借錢辦的落地簽證，已經蓋上出境章失效了，他根本沒有錢再辦一次落地簽證，也不可能再跟移民官借兩千兩百泰銖。

幸運的是，地勤人員幫助他把剛才出境的章註銷，讓Roy可以再次入境曼谷，還借他手機，打電話給我，問能不能借住我曼谷的家，當時已經晚上八、九點了。非常幸運地，手機永遠開靜音，而且很少接電話的我，剛巧在線上接到電話，雖然我人不在家，但備用鑰匙剛好放在信箱裡面，所以他有辦法自己撈鑰匙開鎖進門，臨時棲身一晚。

因爲Roy必須先去換錢，拿到泰銖之後去搭A3線巴士，這是從曼谷廊曼機場進市區最便宜的方法。但是當他去兌幣窗口要換掉卡達貨幣時，不知道是因爲金額太小，還是卡達貨幣不能流通，銀行不讓他兌換，無計可施下，只好直接跑去公車站牌。跟在等車的其他旅客，一一詢問有沒有人能讓他把身上的卡達貨幣換一些泰銖搭車，這時，另一件幸運的事情發生了！一位泰國的女生聽完他的悲慘遭遇後，將他的情形跟公車站牌的人員說明，最後公車站人員同情心大發，答應讓他免費搭車！

二十分鐘後，充滿感謝地上了公車，才想起已經大半天沒吃過東西，從包包拿出麵包開始啃食充飢。經過半個多小時，快要抵達目的時，另外一件神奇的事情發生了！原本坐在他隔壁，素未謀面、而且一句話都沒有講過的泰國老奶奶，突然掏出一百泰銖給Roy應急。

「當下眼淚眞的快流下來了！」Roy回想當時的情景說。

公車上的老奶奶，應該是聽到公車站的人員在討論他的事情，然後覺得這個外國年輕人很需要幫忙，就伸出援手。

就這樣一波三折後，他終於解決了問題，隔天順利回到卡達上課。

「這可能是我一生中最不幸、又最幸運的一天！」他說。

Roy的這件事，讓我心裡有一種很溫暖的感覺，也很高興自己能夠在這一連串的雪中送炭中，扮演一個配角，幫助他改變對社會冷酷的印象。

很多人都說：「你不要那麼天真了，這個社會是很殘酷的！」但是只要誠懇對這個社會，社會也會聯手起來以誠懇相報。

畢竟，這個社會並不是黑社會，沒有你想像中那麼黑暗。

看不見的手：同情

我想起在大學主修政治學的時候，有一本必讀的書是十八世紀蘇格蘭的哲學家、經濟學家亞當·史密斯的《國富論》。

在這本書中，他主張人是自私的，每一個人只需要關心自己，追求自己的福利就可以了，不需要關心社會福利，也不用知道怎麼去推動福利，只管著自私自利，自然會有一隻「看不見的手」，推動著社會福利的改進。

那種毫無感情的冷酷，讓我的脊背升起一股涼意，而那看不見的手，給我許多夢魘，彷彿是長大成人的一記當頭棒喝，嘲笑著之前的幼稚與天眞。

不用說，當時的我一點也不喜歡亞當．史密斯。

但是在經過了很多年之後，我才意外從我的法國哲學老師奧斯卡．柏尼菲口中那裡，聽到另外一半的故事。

其實在《國富論》出版的十七年前，亞當．史密斯（Adam Smith）就寫了另一本書，叫做《道德情操論》，第一卷第一章〈論同情〉的第一段就說：

「人的天賦中總是明顯地存在著這樣一些本性，這些本性使他關心別人的命運，把別人的幸福看成是自己的事情……這種本性就是憐憫或同情，就是當我們看到或逼眞地想像到他人的不幸遭遇時所產生的感情。」

這麼多年來，原來是我誤會了亞當．史密斯。

因為他相信這種憐憫或同情的情感，就像人性中所有其他的原始感情一樣，不只是品行高尚的人才具備的。這本性讓人們關心其他人的命運，把別人的幸福看成是自己的事情，雖然我們除了看到別人幸福而感到高興以外，沒有別的好處。無論是一個再怎麼自私的人、惡棍，或是嚴重違反社會法律的人，天賦中也一定存在著憐憫或同情的本性，不會全然喪失同情心。

當這種一對一的「同情」，漸漸變成三個人、四個人，甚至於整個社會共同的「同情」時，累積眾人的各種認可或排斥，就會漸漸發展成屬於社會性質的獎勵或懲罰，也就是「公正的旁觀者」的仲裁。

所以「看不見的手」，並不是什麼可怕的怪物，而是社會同情的積累，變成了這位公正的旁觀者。拜這位公正的旁觀者之賜，無論是發生戰爭或衝突的時候，面臨貧窮與飢餓的時候，一般人突然變成難民或移工的時候，還是受到不寬容的待遇、或種族歧視的時候，這隻同情化身而成的、看不見的手，就會導引著社會，一起去做出理性的選擇。

我很高興，亞當．史密斯描繪黑暗的時候，原來也沒有忘記光明，因爲如果沒有光，就不會有影子。

我在想著發生在Roy身上的事情時，也有著同樣的感覺。

教育孩子認識世界，不能只堅持讓他看到粉紅色的夢幻泡泡。正如同要認識亞當．史密斯，不能只讀《國富論》。發生在Roy身上的小插曲，讓我深受啓發，除了讓生活在幸福中的孩子，可以認識眞實世界的殘酷之外，我也開始想著要如何創造更多正面的生活經驗，能反過頭來爲生活在懷疑愛與善良的人，多做一些什麼。

衝突那麼不好嗎？不一定！

與其說社會有問題，還不如說，我們根本不知道怎麼想「社會」這東西！

任何時代，任何地方，都會有人抱怨這個社會很亂、人心不古、道德淪喪，或是世界很瘋狂，充滿了衝突、戰爭。但我們不妨試著從另外一個相當極端的角度，來試著想想，社會上不時發生的衝撞，說不定就像地震一樣，可以是好事。

台灣在地震帶上，所以每次只要發生有感地震，就會引發民眾憂慮，因爲地震深度淺，感覺就會震很大，覺得恐怖。但是地震專家總會一次又一次地強調，台灣大多數地震原本就屬淺層地震，甚至極淺層地震，能量一點一點釋放是好事，民眾不需太恐慌，都沒地震才需擔心。

衝突的本質，就像地震。

所以我在針對緬甸境內、境外難民營裡面的孩子，或是受到戰火波及而被迫離開家園的流離失所者，設計哲學思考課的時候，都會問他們這幾個問題：

「你們覺得戰爭好，還是不好？」

所有的小朋友都說，戰爭不好。

「戰爭不好，但戰爭的本質是衝突，衝突也一定不好嗎？」我會接著問。

所有人又都舉手了，說衝突不好。

因為在政治正確的大環境下，我們都不使用「戰場」（war zone）這個詞，而使用較為中性的「衝突地區」（conflict area）來形容戰區，其實是同一回事，所以在戰爭洗禮下長大的孩子，對於「衝突」的印象，就等於「戰爭」。

「但你們在家裡，會不會也有『衝突』呢？」我問第三個問題，「像爸爸、媽媽之間的想法不一樣，或是你跟爸爸、媽媽意見不一樣的時候，是否也有衝突呢？」

孩子們大多能夠同意這樣的連結，因為無論是不是在戰爭當中長大的孩子，沒有任何一個家庭裡，是沒有衝突的。

「就算家裡沒有衝突，是不是來學校，有時候跟同學之間也會有衝突呢？」

幫助極度討厭戰爭的孩子，認識衝突的本質，對他們將來必須面對的社會、就算沒有戰爭也會充滿衝突的世界，是非常重要的，不然他們會對世界極度失望，甚至因此被激化，變成不滿社會現狀的激進分子，走入激進組織，投入到更激烈的戰場。

我們都知道，隨時有一點衝突的家庭，就會拜衝突之賜，持續的溝通，慢慢地變成一個知道該怎麼彼此溝通的家庭。

一個隨時有一點衝突的社會，會強迫立場不同的族群對話，無論是宗教、性別、世代，還是不同的利益團體，變成一個學會如何對話的多元社會。

就像很多很多小小的淺層地震一樣，如果我們能夠信任這些輕微的小地震，不覺得恐懼，相信輕微的地震不但不會傷害我們，反而可以一點一點地釋放地殼的壓力，避免巨大的地震產生，那麼地震當然可以是好事。

就像衝突在家庭、在社會都可以是好事一樣，哪一個家庭不是戰場？哪一個社會沒有衝突？但是這些小小的衝突跟爭端，將能夠一點一點地釋放社會的壓力，避免未來更巨大的戰爭發生。

「所以，認為衝突可以是好事的請舉手。」我問了第四個問題，看到許多小手慢慢地舉起，原本緊繃的臉上綻放出放鬆的笑容，我知道我做了該做的事。

「和平一定比戰爭好嗎？」這個當初引導我離開緬甸，到法國去上哲學課的問題，慢慢地，我們在戰場上，找到了自己的答案。

美國社會，有美國社會的衝突。英國社會，有英國社會的衝突。台灣社會，當然也有台灣社會的衝突。地球上每一個社會單元，都有或大或小不同的社會衝突。但是各式各樣的小衝突不見得不好，持續不斷的小衝突，幫助我們的良知意識隨時保持警醒，無論衝突的來源是暴力、戰爭、捕獸夾、海洋垃圾、勞資衝突、種族歧視，還是選校長，這些各式各樣的小衝突可以幫社會「擋災」，因爲這些微小衝撞帶來對社會正義的重視跟全球倫理的修正，正是人類避免整體走入巨大錯誤的重要工具。

這個社會，真的沒有變不好，是你變了，你變得更有社會意識，重視正義，甚至願意挺身而出，走入衝突之中，而這就是社會正在變好的證據。

思考 MEMO

找到肯定自己的方法

覺得社會有問題時，問自己下列問題，
思考之後，相信你將更有社會意識。

- [ ] 你認為只要有衝突的社會就是有問題的社會嗎？
- [ ] 衝突有沒有可能帶來溝通？
- [ ] 是否曾因為自己的身分，比如身為一個家長，一個編輯，一個老師，向別人強迫灌輸自己的價值觀？
- [ ] 你是否會因害怕與別人起衝突而不說實話？
- [ ] 衝突之後在家庭、在社會所產生的對話是否有可能避免更大的衝突？

【後記】具備思考的能力，就不會覺得自己不夠好！

我的法國哲學老師奧斯卡．柏尼菲到台灣時，發現一個很奇妙的現象。

「I am sorry. My English is very poor.」對不起，我的英文很破。

幾乎是每個人見到奧斯卡的第一句話。

「他們為什麼要跟我道歉？」奧斯卡轉頭，一臉不解地對著負責幫他翻譯的我說。

「我是法國人，我們法國人的英文也很爛，但是這不是理所當然的事嗎？我們從來沒有想過要因此跟別人道歉。實際上，我們覺得可以的話，全世界都應該說法語才對。」

我只能尷尬地聳聳肩，輕輕地說：「Welcome to Taiwan.」歡迎來到台灣。

為了不是自己的錯而道歉。

為了根本沒有錯的事道歉。

法國人感到不可思議的是，覺得自己不夠好，甚至被當成值得頌揚的「美德」，以至於許多人爭先恐後跳進坑裡，每天為著各式各樣莫名其妙的事情道歉——比如向法國人爲了自己的英語不夠好而道歉。

這樣難道活著不覺得累嗎？

在日本超長熱賣的《嫌われる勇気—自己啓発の源流「アドラー」の教え》前兩年在韓國叫做『미움받을 용기』（中文直翻的意思是「接受怨恨的勇氣」），甫出版就熱賣二十五萬本，台灣被翻譯成《被討厭的勇氣》後也再版不斷，無論是台灣、日本還是韓國，這三個社會中，長期存在著一個共同的現象，那就是「人際關係」的問題與壓力，如果不順著大多數人的想法與作法，就會被他人討厭；反之，若想要不被其他人厭惡，反過來則會壓抑自己的想法。所以這本書告訴讀者，只要運用自己所擁有的東西，不需要變得特別，只要接受現在的自己，不必被過去羈絆，因爲人生永遠都有選擇的可能性。

「咦？這不是常識嗎？」我的哲學老師奧斯卡一臉疑惑地說，「難怪我助理一直說我的書要寫簡單一點，才會暢銷。」

有趣的是，這本暢銷書在中國大陸，雖然銷售成績也不俗，賣出七十萬冊，但是別忘了中國是個一人買一包口香糖，就會賣出十三億包的地方。相對來說，韓國消費趨勢評論家金蘭都，原本寫給兒子的隨筆之作《疼痛，才叫青春》，在中國也銷售近百萬冊，超過《被討厭的勇氣》，所以相對來說，並不是那麼獨特。這本書翻譯成英文版《The Courage To Be Disliked》之後，在西方的反應也出乎意外地平淡，這本號稱宣揚奧地利心理學家阿爾弗雷德．阿德勒（Alfred Adler）思想的暢銷書，更從來沒有被翻譯成德文在歐洲出版。

阿德勒心理學之所以能在日、韓引起共鳴，最主要的原因還是在於人類不論在哪個社會中都會遭遇到相同的困境。因爲這本書熱銷的地方，都是在社會集體壓力與壓抑程度強大，教育體制和職場文化規範較多、同儕壓力大的環境。無論是日本、韓國還是台灣，害怕「被討厭」，缺乏勇氣說「不」，而在個人對社會規訓的反抗意志強，更願意說「不」的地方，自然就沒有這個需求。阿德勒的理論強調「人要與社會有所連結，不要離群索居」，在重視社會性的東方世界，比較好理解，也容易引起共鳴。

這也是爲什麼《被討厭的勇氣》的作者、日本阿德勒學會顧問岸見一郎在自己的部落格上面強調，許多讀者其實被這本書的標題誤導，誤解了阿德勒的中心思想，並不只是「不怕被討厭」，或是很多人掛在嘴上的：「你要不要討厭我，是你的課題，不用把它變成我的課題」。

其實阿德勒強調「人要與社會有連結」，個體存在的價値是基於能夠「對群體做出貢獻（共同体への貢獻）」，這個所謂的群體，可以是家庭、學校、職場、社會、國家、甚至是過去、現在、未來的人類全體，全世界、全宇宙。但是群體不一定是對的，一個黑心企業，可能會以要員工對公司做出貢獻而進行壓榨；一個問題家庭，可能會以對家庭做出貢獻爲名，對家人進行心理跟肢體上的侵害，在這個時候，個體要能夠跨出這個群體的界線，願意做出可能會被這個小群體討厭的事情，在爲了增進整體社會的福祉前提下，向媒體或是政府當局舉發黑心企業的行徑，或是舉發自己的家庭對自己或是家人進行的家暴或是性侵。如果只是停留在個人好惡的層次，望文生義去理解《被討厭的勇氣》這樣的標題，其實是連作者本人都沒有辦法接受的誤解。

無論是覺得自己不夠好，缺乏勇氣，所以總在爲不是自己的錯誤道歉，還是把勇氣用在錯誤的地方，爲了自己個人的利益跟喜好，即使被討厭也不在乎，都犯了走在兩個極端的錯誤。最有效的解套方法，其實就是「思考」，具備思考的能力，就不會總是覺得自己英語不夠好、愛情運不夠好、學歷不夠好、家庭背景不夠好、工作不夠好、社會不夠好……而是從另一個角度來看，這個「不夠好」的我，有沒有能力「對群體做出貢獻」？如果答案是肯定的，那我們當然就是一個夠好的人。那個時候再來勇敢地說「你要不要討厭我，是你的課題，不用把它變成我的課題」，也不嫌遲。

國家圖書館出版品預行編目資料

誰說我不夠好：抓住否定自己的原因，找到肯定自己的方法／褚士瑩著．——臺北市：大田，2018.06

面；公分．——（Creative；130）

ISBN 978-986-179-525-6（平裝）

177.2　　107002958

Creative 130

誰說我不夠好：
抓住否定自己的原因，找到肯定自己的方法

作　　者｜褚士瑩

出 版 者｜大田出版有限公司
台北市 10445 中山北路二段 26 巷 2 號 2 樓
E-mail｜titan3@ms22.hinet.net　http：//www.titan3.com.tw
編輯部專線｜（02）2562-1383　傳真：（02）2581-8761
【如果您對本書或本出版公司有任何意見，歡迎來電】

總 編 輯｜莊培園
副總編輯｜蔡鳳儀
行銷編輯｜陳映璇
校　　對｜金文蕙／黃薇霓

初　　刷｜2018 年 06 月 10 日　定價：280 元
二　　刷｜2019 年 02 月 10 日
總 經 銷｜知己圖書股份有限公司
台　　北｜106 台北市大安區辛亥路一段 30 號 9 樓
TEL：02-23672044 ／ 23672047　FAX：02-23635741
台　　中｜407 台中市西屯區工業 30 路 1 號 1 樓
TEL：04-23595819　FAX：04-23595493
E-mail｜service@morningstar.com.tw
網路書店｜http://www.morningstar.com.tw
讀者專線｜04-23595819 # 230
郵政劃撥｜15060393（知己圖書股份有限公司）
印　　刷｜上好印刷股份有限公司
國際書碼｜978-986-179-525-6　CIP：177.2/107002958